ビジネスマンが大学教授、客員教授になる方法

中野雅至

ディスカヴァー
携書
108

はじめに
大学教授への転身は最も品のあるサバイバル術

大学教授になってみたいと思ったことはありませんか？

大学教授になる方法を知っていますか？

かつてと比較すると、今や大学教授の世界を取り巻くベールも徐々にはがれてきました。大学教授とはどういう人か、労働条件はどうかなどが知られるようになりました。

たとえば、年収です。大学教授がそれなりに高給取りであることは知られていましたが、一部の私立大学の給与はものすごく高いこともわかってきました。

少し古いですが、次のページの表は、雑誌『プレジデント』（2009年11月16日）が発表している職業別年収のランキングから一部を抜粋したものです。いくつか空白がありますが、大学教授の年収がどの空白に入るか、おわかりでしょうか？
答えは本書のどこかに隠しておきますので、見つけてください。
ただ、どこに該当するにせよ、相当の高収入です。

1　内閣総理大臣　4165万円
2　プロ野球選手　3631万円
3　国会議員　2193万円
4　　　　　　1238万円
5　医師　1160万円
6　　　　　　1122万円
7　　　　　　871万円
8　社会保険労務士　855万円
9　　　　　　801万円

10　公認会計士・税理士　７９１万円

11　　　　　　　　　７７２万円

12　　　　　　　　　７５４万円

13　歯科医師　７３８万円

14　　　　　　　　　７２４万円

15　サラリーマン（上場企業）　６６０万円

16　　　　　　　　　６４２万円

17　電車運転士　６４１万円

18　　　　　　　　　６２８万円

19　航空機客室乗務員　６１２万円

20　電車車掌　６０４万円

新規学卒者とほぼ同じ！　民間企業出身大学教授

高給なうえに世間では、「大学教授になるのはものすごく難しい」というイメージがありますが、どうも客観的データを見るとそうではないようです。

大学教員数は約十八万人で労働力人口（約六千六百万人）で割ると約〇・三％です。三百人に一人ということになります。それに対して医師は約十七万人、一般職の国家公務員は三十四万人です。多少比率は違いますが、何万人に一人という職業ではありません。

三百人に一人というとものすごく難しそうですが、世の中にはさまざまな職業があり、もっと実数の少ない職業もあります。

そういう意味では十八万人はものすごく多い。「自分には、絶対無理だ。なれない」と卑下するような数じゃありません。

また、「サラリーマンから大学教授になる方法」のような本も出版されて、大学教授になるためのノウハウもわかりつつあります。

こういう影響もあるのか、大学（大学院も含めて）と絡みたがるビジネスマンが増えています。**その一方で、ビジネスマンと絡みたがる大学も増えています。**ビジネスマンと大学との結びつきが強くなっているのが現代日本です。

絡み方は千差万別です。時代によって変化してきたと言っていいかもしれません。

たとえば、ビジネスマンの間で、**大学教授への転職**が結構話題になったのは、今から二、三十年ほど前のことです。その結果かどうか、実務家出身の大学教授はずいぶんと増えました。

次のページの図表1を見てください。新規に採用された大学教員の出身を調べた文科省の学校基本調査です。これを見てみると、世間の印象とは異なって大学院を出たての人間はあんまり採用されていません。一万一千人のうち、新規学卒者はわずか千人です。

その他の職業のほうが圧倒的に多い。この中には研究機関なども含まれますので純粋に実務家出身教授と言えるかどうかは別にして、**民間企業出身者も新規学卒者と同じくらいで千人以上います。**

	その他						高校以下の教員から	専修・各種の教員から
	民間企業	自営業	研究所等のポストドクター	研究所等の研究員	臨床医等	その他		
	1,048	125	845	1,286	2,941	2,668	271	205
	700	98	670	987	2,235	1,656	215	116
	348	27	175	299	706	1,012	56	89
	5	—	—	2	—	8	—	2
	2	—	—	—	1	1	1	2
	306	60	5	196	79	374	83	29
	164	33	102	229	69	395	98	41
	134	21	109	199	159	637	67	71
	280	6	600	542	2,388	992	13	40
	157	5	29	118	245	261	9	20
	215	13	618	467	952	935	56	25
	174	10	496	396	759	653	44	18
	41	3	122	71	193	282	12	7
	—	—	—	—	—	2	—	—
	1	—	—	—	—	1	—	—
	58	6	2	56	13	85	12	4
	41	2	74	110	25	140	33	9
	9	2	53	48	57	104	8	2
	90	3	475	242	845	551	3	10
	16	—	14	11	12	52	—	—
	79	7	49	85	240	172	3	14
	46	4	38	64	189	94	3	10
	33	3	11	21	51	78	—	4
	1	—	—	1	—	1	—	—
	—	—	—	—	—	—	—	—
	16	2	1	9	7	9	2	1
	16	4	10	24	1	25	1	4
	6	1	6	15	14	42	—	6
	25	—	32	33	178	75	—	2
	15	—	—	3	40	20	—	1
	754	105	178	734	1,749	1,561	212	166
	480	84	136	527	1,287	909	168	88
	274	21	42	207	462	652	44	78
	4	—	—	1	—	5	—	2
	1	—	—	—	1	—	1	2
	232	52	2	131	59	280	69	24
	107	27	18	95	43	230	64	28
	119	18	50	136	88	491	59	63
	165	3	93	267	1,365	366	10	28
	126	5	15	104	193	189	9	19

において研究業務に従事している者のうち、所属する研究グループのリーダー・主任研究員であった者

資料出所：文部科学省「学校教員統計調査」（平成22年度）

図表1 大学教員採用前の職種（平成22年度）

215　採用前の状況別　職名別　採用教員数

区分		計	新規学卒者					
			小計	自校	他校	うち国立	小計	官公庁
計	計	11,066	1,185	754	431	275	9,405	492
	男	7,770	757	484	273	192	6,682	336
	女	3,296	428	270	158	83	2,723	156
	学長	17	—	—	—	—	15	—
	副学長	7	—	—	—	—	4	—
	教授	1,291	3	1	2	1	1,176	156
	准教授	1,248	24	3	21	12	1,085	93
	講師	1,588	119	18	101	65	1,331	72
	助教	5,702	713	480	233	162	4,936	128
	助手	1,213	326	252	74	35	858	43
国立	計	3,803	329	218	111	90	3,393	193
	男	2,975	260	169	91	75	2,653	165
	女	828	69	49	20	15	740	28
	学長	2	—	—	—	—	2	—
	副学長	2	—	—	—	—	2	—
	教授	295	2	1	1	—	277	57
	准教授	480	6	—	6	5	432	40
	講師	315	20	4	16	11	285	12
	助教	2,582	285	204	81	68	2,284	78
	助手	127	16	9	7	6	111	6
公立	計	771	65	23	42	30	689	57
	男	505	33	10	23	15	459	24
	女	266	32	13	19	15	230	33
	学長	3	—	—	—	—	3	—
	副学長	—	—	—	—	—	—	—
	教授	55	—	—	—	—	52	8
	准教授	99	6	1	5	3	88	8
	講師	105	8	3	5	3	91	7
	助教	412	44	17	27	20	366	23
	助手	97	7	2	5	4	89	11
私立	計	6,492	791	513	278	155	5,323	242
	男	4,290	464	305	159	102	3,570	147
	女	2,202	327	208	119	53	1,753	95
	学長	12	—	—	—	—	10	—
	副学長	5	—	—	—	—	2	—
	教授	941	1	—	1	1	847	91
	准教授	669	12	2	10	4	565	45
	講師	1,168	91	11	80	51	955	53
	助教	2,708	384	259	125	74	2,286	27
	助手	989	303	241	62	25	658	26

（注）「研究所等の研究員」とは、任期を付さない任用で研究業務に従事していた者及び独立行政法人等の研究機関

つまり、今や実務家出身教授は主流となりつつあり、それだけサラリーマンから大学教授に転身しやすくなっているということです。

社会人大学院生や大学院の社会人入試枠も拡大

次に、**大学院に入学**するビジネスマンも増えました。これは、知識社会の影響もありますが、大学側が、少子化の中で新たな収入源として社会人を大学院に呼ぶべく、社会人入試の枠を設け出したことも大きく影響しています。私立だけでなく、東大をはじめとする国立大学法人の多くが積極的に社会人を大学院に誘っています。こうして、「社会人大学院生」という言葉が世の中に氾濫して、試験や勉強法を解説するノウハウ書もずいぶんと出版されています。

意外とハードルが低い客員教授や特任教授

しかし、大学との絡み方はこの二つだけではありません。これまでにない大学との関わりも出てきています。**客員教授、客員研究員、特任教授という関わり方**です。

企業に勤めるビジネスマンにも、独立自営のコンサルタントにも、中央官庁のキャリア官僚にも「客員教授」という肩書きを持っている人が身近に一人くらいはいるはずです。ビジネスマンだけにとどまりません。各社報道によりますと、大相撲の横綱・白鵬は拓殖大学の客員教授になるそうです。白鵬関は本年度中に「世界の中の日本」と題して講義を行うということです。

これに限らず、著名人が客員教授となって授業を行うという事例は珍しくなくなりました。

一勝百敗の私の大学教員公募体験から語る
リアルな大学教員採用事情

本書の目的は、**大学との絡み方を幅広く解説**することです。おそらく、この種のノウハウ書はほとんどなかったと思います。

なぜなら、内部事情にいちばん詳しいのは大学の先生でしょうが、多くの場合、アカデミックなルートを通って大学教員となってきたかれらは、それを公表するような動機を持たないからです。

大学教員の多くは、大学を卒業した後、大学院に行きます。もう少し具体的に言いますと、まず博士前期課程に二年間通って修士号を取得します。その後、博士後期課程に通って三年間を費やして博士号を取得するのが一般的です。もちろん、二年以下で博士号を取得する優秀な人もいますが、逆に、五年も六年も費やす人もいます。

こうやって博士号を取得した後に大学教員として採用されるわけですが、「高学歴ワーキングプア」という言葉に代表されるように、大学教員のポストは少ないため、すべての博士号取得者が大学教員になれるわけではありません。

いずれにしても、こういう特殊なルートを通って大学教員になるため、自分の特殊性がわからないこともあって、わざわざ自分の世界を公に発表しようという動機など持たないのです。

逆に、外部から大学を眺める人は、大学生や大学教育の現状などには詳しいかもしれませんが、人事を巡る秘め事には詳しくないでしょう。

「どうすればビジネスマンから大学教授になれるのか？」「どうすれば一流会社の部長をやりながら客員教授を両立できるのか？」を流暢に答えられる大学部外者はそんなにいないと思います。

そりゃ、そうです。大学にとって人事は秘め事中の秘め事だからです。大学教授は人事が大好きです。なぜそんなに人事が大好きかは知りませんが、おそらく、人事の機会が非常に少ないからだと思います。

民間企業でも役所でも、人事は年に数回あります。そのたびに「あいつが部長になるんだって？　こいつが課長になるのか？」と大騒ぎし、それが一種のストレス発散になっています。しかし、大学は、助教・講師・准教授・教授という四つくらいしかポストランクがありませんし、採用も毎年あるわけではありません。誰かが定年退職しない限り、ポストが空かないからです。

そのため、数少ない人事の機会が巡ってくると、血みどろの闘いが繰り広げられるというわけです（もちろん、すべての大学ではありませんが……）。

ここで簡単に、自己紹介をしておきたいと思います。私は今年で大学教員として十年目を迎えます。昭和六十三年に同志社大学文学部英文学科を卒業しました。当時はバブルで日本経済は絶好調でしたが、文学部の男子学生の就職は厳しく、一年間のプータロー生活を経て、地元の奈良県大和郡山市役所になんとか入り込みました。

しかし、来る日も来る日もわずか十分程度のバイク通勤を六十歳まで続けるのかと思うと嫌気がさして、在職中に国家公務員I種試験を受験して、旧労働省に入省しました。少なくとも当時は、同志社大学、それも文学部英文学科出身者のキャリア官僚は私だけだったと思います。

役所ではさまざまな仕事を経験させてもらったうえに、米国のThe University of Michiganにも留学させてもらいました。そして新潟県庁への出向も含めて、十四年間勤めた後、公募で現在の兵庫県立大学大学院の准教授に転職しました。

後ほどお話ししますが、今や大学教授も公募されています。僕は役所の力で天下りのように大学教員に転じたのではなく、いくつもの大学の公募に応募してやっと、今の大学に採用されました。いくつ落ちたのかを数えてみると、書類が残っているだけでも百校以上ありました。

実に辛い経験でした。よもや百校以上の大学に落ちるとは思っていませんでしたので、非常にショックでもありました。そんなこともあるのか……と、就職活動がうまくいかない学生の気持ちだけはよくわかります。いくら書類を出しても受からない。そんなことを繰り返していると、誰でも不安になってきますし、頭が混乱するようにもなってきます。

その一方で、そういう経験があるからこそ、本書を書くこともできるわけです。自分自身が実体験していなければ、説得力のある本が書けるわけがないからです。

これからお話しする、ビジネスマンからどうやって大学教授になるのかということについてのノウハウは、すべてこの公募体験が基礎になっています。

中野雅至

ビジネスマンが大学教授、客員教授になる方法

目次

2 ビジネスマンのサバイバルの武器としての大学

第2章　ビジネスマンから大学教授に転身する方法

第4章　現役ビジネスマンが客員教授を副業とする方法

第5章　秘伝　時間がない人のための効率的論文作成法

第6章 いかに嫌われずに「個」として目立つか？ 組織にいながら大学教授を目指す人が避けては通れないこれだけのこと

第1章

現代のビジネスマンは、「三度生まれ変わる」ことを求められている

1 ビジネスマンが転身を考えざるを得ないこれだけの理由

ビジネスマンと大学の関わりは、ビジネスマンから大学教授に転身するだけでなく、多様化しています。これからの厳しい社会を生き残るためには、さまざまな形で大学に関わっていくことが不可欠です。まず、その時代的背景を簡単に説明したいと思います。

ここで取り上げる将来（といっても、もうすぐのことです）の不安要素は次の五つです。

①年金支給年齢の引き上げ
②定年延長、継続雇用の保障の危うさ
③解雇規制の緩和
④ＩＴ浸透による人員削減

⑤ＴＰＰ締結による外国人労働者の増加

これらのことの是非はともかく、そういう時代がすぐそこまで来ている以上、その中でサバイブしていく道を探り、その準備を始めなければならない、ということです。

年金はやがて七十歳支給になる？

まずは年金問題からです。何の関係があるんだ？と思われるかもしれませんが、実は大あり。ビジネスマンを取り巻く雇用環境は、ここから始まっていると言っても過言ではありません。

これまで年金は六十歳から支給されていました。六十歳までがんばって働き、定年を迎えた後は年金で暮らす。こんなイメージをいだいてきた人が大半だと思います。しかし、今年度からこの制度は大きく変化しています。年金の話は複雑ですから、簡略化しながら少しわかりやすく解説してみたいと思います。

日本の年金制度は、職業にかかわらず日本人全員が共通にもらっている基礎年金と、職業ごとにもらっている年金があります。民間企業のサラリーマンなら厚生年金、公務員なら共済年金です。

この二つのうち、基礎年金はすでに六十五歳からの支給になっています。それに対して、厚生年金などの二階部分も、今年度（平成二十五年度）に六十歳になる男性から、段階的に受給開始年齢が引き上げられ、平成三十七（二〇二五）年度には六十五歳に引き上げられます（女性は五年遅れのスケジュール）。

年金の支給開始年齢が引き上がるということは、これからは六十五歳まで働かざるを得ないということです。これまでは定年が六十歳、そこから年金が支給されていましたから五年間延びるということになります。

この五年は大きな影響を与えます。気力・体力ともに弱り切っているという人もいるでしょう。世の中のビジネスマンの多くは「六十歳で逃げ切れる」という思いで働いてきたからです。

もっと深刻なのは、不況で必ずしも六十歳まで安泰に働けない可能性もあることです。こうなると、年金をもらうまでの空白がますます延びてしまうことになるため、キャリア形成を含めて人生計画の練り直しが求められます。

さらに、年金財政や少子高齢化の現状を考えると、六十五歳支給では収まらない可能性もあります。脅かすわけではありませんが、将来的には七十歳にまで引き上がる可能性も否定できないでしょう。

実際、欧米諸国ではすでに六十五歳以上に引き上げることを予定している国もあるからです。その意味では、日本も七十歳に引き上げられても何の不思議もありません。

継続雇用で本当に雇用は六十五歳まで保障されるのか？

このように年金の支給開始年齢が六十五歳になったために、定年も六十五歳まで延びました。今年（平成二十五年）の四月からは希望する人を全員継続雇用することが法律で義務づけられたのです。年金が六十五歳支給で定年が六十歳ということになると、収入のない空白期間が五年も生じます。そのため、政府としては、なんとかこの空白を埋めたかったということでしょう。

しかし、希望すれば六十五歳まで働けるようになったといって喜んでいる場合ではありません。企業はアホではありません。六十五歳まで働くとなると、それだけ人件費総額も増えることになりますから、その負担をどこかにしわ寄せするような人事や賃金体系を考えることになります。バカ正直に人件費総額を増やすという発想にはなりません。

たとえば、現在では六十歳以降の賃金は大幅に低下するのがふつうですが、六十〜六十五歳層を重要な戦力ととらえ直せば、この層の給料は上がる可能性さえあるでしょう。かれらにしたところで年金が出ないのであれば、給料が高くならないと割に合いません。

その一方で、マイナス面もさまざまな角度から考えられます。まず、終身雇用を維持すると仮定した場合、六十五歳まで雇うとなるとそれだけ人件費総額が高くなるわけですから、六十歳以下の従業員の給料を低くするということになります。つまり、働き盛りの人の給料は減る可能性があるということです。

一方、企業がガラッと発想を変えて、賃金カーブ自体を見直す可能性もあります。大企業の場合、終身雇用を前提にした人件費総額から賃金カーブを考えるはずです。三十歳・四十歳・四十五歳・五十歳・五十五歳時の標準的な給与を決めて、それを線で結べば賃金カーブになりますが、六十五歳まで雇用が延びるとなると、このライン自体に変更を加えなければいけないことになるわけです。賃金水準自体が変わってきます。

最後に、このケースで最も被害を被りそうなのはやはり若者ということになります。「失われた二十年」と呼ばれる長期不況では、中高年の正社員を保護する一方で、若者が損をしていると言われてきました。正社員をかかえた企業はなんとか人件費総額を押さえ込もうとして、採用抑制や非正規社員化を進めたからです。

その結果が、若年者の雇用失業情勢の悪化です。企業が六十五歳まで雇用を維持しなければならないため、若年者の採用を控えるということになれば、さらに若者の雇用失業情勢は悪くなります。

正社員のクビの値段がものすごく安くなる日
――解雇規制の緩和の動き

若年者の採用を手控えることは企業の活力低下につながります。こうなってくると、「もう少し正社員をクビにしやすい制度をつくってくれ」という声が強くなるのは当たり前です。おそらく、これからの日本ではもっと解雇を容易にする流れが強まると思います。

日本は解雇規制が厳しいと言われています。整理解雇といって大量の人員をリストラするためには、十分な経営努力をするなどの厳しい要件を満たさないといけないからです。そのため、労働者は守られた存在だと言われてきました。昨今では正社員は既得権益者扱いされています。

しかし、これはあくまで建前です。経営が苦しい中小零細企業はそこまで厳格に従業員を守ろうとするわけではありません。そもそも経営が苦しくて、社長自体が追いつめられているような状況では従業員を守ることなど不可能です。

大企業でも、現実にはリストラされている事例は相当あります。仮に会社の業績悪化などからリストラされると、会社都合で辞めるということになりますが、表面的には自己都合退職となっている人がたくさんいます。自主的に辞めているように見えても、実態はリストラに近いものがいっぱいあるからです。

日本の企業はこういう部分は非常に陰湿で、退職せざるを得ない方向に持っていくという事例がたくさんあります。いちばん多いのは「早期希望退職者の募集」でしょう。会社の業績悪化に伴って「早期退職すれば退職金を○%上積みする」とか言って退職者を募って辞めさせ、人件費をカットして業績の回復を図るのです。

こういう事例では不思議なことに、募集人員は満たされるケースが大半のようです。それだけ退職条件が良いということもあるのでしょうが、目標実現に向けて企業がさまざまな手段を講じるからです。「○さん、辞めませんか？　今なら退職金も出ます。もし応じないのであれば整理解雇ということになりますよ。そもそも我が社自体が倒産するかもしれませんし……」とか言いながら脅すこともあるでしょう。

昨今よく耳にするのは「追い出し部屋」の存在です。追い出し部屋の定義は難しいところですが、簡単に言えば、社員をクビにするためにいろいろな嫌がらせをするということで、最終的には「辞めます」と社員に言わせる、そのためのイジメ部屋ということです。

こういう日本社会に独特の陰湿なリストラ策の背景には、終身雇用と厳しすぎる解雇規制の他に、苦しい企業の事情もあります。いくら終身雇用を維持したくても、もはや企業に余計な人員をかかえ込んでいるだけの余裕がないということです。

たとえば、内閣府の「日本経済２０１１－２０１２」によると、企業がかかえる余剰人員である「企業内失業者」（雇用保蔵者数）は二〇一一年九月時点で最大四百六十五万人いるとされます。いかに企業が余剰人員をかかえているかがわかるでしょう。

ちなみに、『週刊東洋経済オンライン』（２０１３年３月15日）は中高年リストラの現場としてソニーを取り上げています。それによりますと、ソニーにはキャリアデザイン室という部署があるようで、この部署ではノルマや課題もなく、何をやってもいいそうです。

その一方で、「キャリアデザイン室が人員削減のための部署であることは、社員ならば誰もが知っている。この部署がほかの部署と大きく異なる点は、配属された社員の人事評価が、多くの場合に〈最低レベル〉となり、在籍期間が長くなるほど給与がダウンする仕組みになっていることだ。というのも、仕事の内容がソニーの業績に直接貢献するものではなく、他社への転職を含めて本人の〈スキルアップ〉を目的としているためだ」ということです。

ちなみに、この記事によりますと、ソニー広報センターは「退職強要の事実はない」と説明するとともに、「『追い出し部屋』との指摘のような事実はない」としているということです。どう判断するかはともかくとして、大企業でさえリストラを巡って非常に厳しい状況に追い込まれていることがよくわかる事例です。

安倍内閣でどこまで進むのか未知数の解雇規制の緩和

このような陰湿なリストラは今後どうなるのか？　もっと開けっぴろげで、わかりやすいリストラになる可能性があります。簡単に言えば、厳しいと言われる**解雇規制が緩くなる**のです。

それでは、なぜ、解雇規制の形が変わるのか？　それは今現在のような曖昧模糊とした解雇規制では何かと不都合が多いからです。

まず、企業、特に大企業側から言うと、リストラしたいにもかかわらず、容易にクビにできないのであれば、柔軟な企業経営ができません。かつてのような高度経済成長時代であれば、一時的に不況に陥ったとしても不要社員をかかえ込んでおけますが、これだけ競争環境が激しくなると、よけいな人員をかかえ込む余裕がなくなります。

不都合なのは企業側だけではありません。実は正社員にとっても不都合な側面がありま す。なぜなら、中途半端に終身雇用が前提となっているため、**労働市場全体の流動性が低**

いからです。

簡単に言えば、いったん企業をクビになると簡単に再就職先が見つからないのです。日本では実力とかなんとか言う前に、コネやしがらみでポストが埋まっていくため、いったんクビになって放り出されると、どれだけ優秀でも簡単に再就職先が見つかりません。

ここでも最も被害を受けるのは若者でしょう。どれだけ仕事ができなくても中高年の正社員はクビにならない。それに加えて、かれらの給料はものすごく高い。そのため、出来の悪い中高年正社員一人の人件費がかさんで、会社は新規採用を抑えてしまうので、有望な若者が職を得ることができない。

そんなこともあって安倍内閣では「金銭補償による解雇」が大きな話題になりました。実現できるのかどうかはまだ未確定ですが、「成熟産業から成長産業へ〈失業なき円滑な労働移動〉を図る。このため、雇用支援施策に関して、行き過ぎた雇用維持型から労働移動支援型への政策シフトを具体化すること」という指示が、安倍総理大臣から関係大臣に出されています（「第四回・第五回産業競争力会議の議論を踏まえた当面の政策対応について」)。

しかし、解雇規制の緩和は世論やマスコミからの反発が強いと予想したのか、今年六月の安倍総理の成長戦略第三弾スピーチには盛り込まれませんでした。

ただし、日本経済新聞(2013年4月23日)によりますと、産業界は正社員の解雇規制が厳しいことが新規採用の抑制となっており、雇用拡大の阻害要因になっていると主張するとともに、産業競争力会議に出席した、企業経営者ら民間議員たちは、「過剰な規制を見直し、諸外国なみにすべきだ」として、労働契約法に「解雇自由」の原則を規定し、再就職支援金を支払えば解雇できる「事前型の金銭解決制度」を導入するように求めていたということです。

こうした産業界や経営者の本音を聞くと、解雇規制の緩和はこれからもホットな話題であり続けるものと思われます。少なくとも、終身雇用で安泰だなどという発想は持ってはいけないということがおわかりでしょう。

ジワリジワリと浸透するIT化の影響
――弁護士が失業する日？

IT化の影響も不安要素です。他の先進国と比較すると、日本はそれほど活発にIT投資を行っていない国だと言われます。今でも覚えているのですが、今からもう二十年近く前に私が米国の大学院に留学していたころすでに、居酒屋でさえコンピューターで座席管理を行っていました。移民が多くて労働流動性が激しく高いことや、合理的なものを重んじる傾向があるからか、米国では何かと積極的にITを活用する空気が満ちていました。

対して日本では未だに、IT化で合理化しようというよりは、正社員の残業と非正規社員のアルバイトをこきつかう人海戦術の力業で乗り切ろうという発想が強いようです。

しかし、今後は情勢が大きく変化する可能性があります。SNSをはじめとしてこれだけIT化が進んでいる世の中ですから、日本社会や企業もITの活用を本格化させることは疑いないでしょう。

それによる効果はプラス・マイナス両方ありますが、雇用に関してはマイナスの影響が非常に大きいと思います。なぜなら、IT化は基本的に合理化への投資ですから雇用拡大に結びつくどころか、コンピューターに置き換えられるような仕事はどんどんとなくなっていくからです。

米国を見ると、これは相当露骨にわかります。雑誌『週刊東洋経済』（2013年3月2日）は、IT化でどのような職業が危機に陥るのかなどを分析しているのですが、それによると米国では弁護士や会計士といったプロフェッショナルの職でさえなくなりつつあるようです。

弁護士の場合、法律文書を作成できるウェブサイトやソフトウェアができたことで需要は減る一方にあり、会計士の場合には税計算ソフトの普及が背景にあるようです。こういう流れが日本でも進むことは間違いないでしょう。

たとえば、一昔前であればどこの部署にも出張関係を処理する事務員がいたものです。新幹線代金、宿泊費などを管理するのがおもな仕事でしたが、こういう仕事はソフトができて以来、個々人が処理するようになりました。

こういうIT化の流れが解雇規制の緩和と一体となれば、さらに人員削減が進むことは避けられないと思います。逆に、米国でもそうですが、ITに深い知識や経験がある人材はこういう時代には大いに力を発揮することになるでしょう。

TPPで「黒船社員」がやってくる!?

今現在、日本での人材のグローバル化は非常に限られています。日本は移民を制限している国ですから、単純労働の外国人は入ってきません。そのため、一部のヨーロッパ諸国で見られるように、単純労働が外国人に奪われて、移民排斥運動が起こるということはありません。

その一方で、日本でもグローバル企業と呼ばれる巨大企業が現れたり、グローバル化への対応のために外国人の採用を増やしたりしています。こちらは単純労働のための人材ではなく、高度なスキルを持った外国人人材ということになりましょうか。

その意味では、日本での外国人活用は両極端で、なおかつ、非常に限定されたものです。

しかし、今後は相当大きな変化が起きます。おそらく、これまで大きな政策課題となってこなかった「移民をどうするか」も議論の俎上に上るでしょう。

では、具体的にはどういうことが起こるのか、というと、まず、グローバル化が進めば、人材の流動化もどんどんと進みます。しかも、TPP・FTAなどに対応してグローバル化を積極的に進める制度がたくさんできあがれば、それだけ人材の流動化にもお墨付きが与えられます。さらに、各国の制度が統一されれば、企業はマーケットを確実に広げていくことになるでしょう。

そうなってくると、これまでのように、超一流大学を卒業した外国人が巨大グローバル企業に採用されるだけでなく、それなりに頭のいい外国人という中程度の人材が日本に入ってくる可能性も相当高くなると思います。

身近なところで言えば、今後は中国や韓国などアジア系の外国人で、北京大学やソウル大学レベルではないけど、日本で言えば、二番手の国立大学とか中堅私立大学を卒業した外国人でさえ、日本企業でポジションを得る可能性が高まるものと思われます。

また、少子高齢化が進めば、介護や医療という分野に外国人が多数入ってくるでしょう。介護士や看護師は単純労働ではありません。社会的地位もある労働です。こういう分野で外国人に頼らざるを得ないというのは、日本人が想像する以上に大きなインパクトがあると思います。

これからの労働環境をひとことで要約すると――

これからの労働の環境変化を要約するとどういうことが言えるでしょうか?

①働かなければいけない時間が長くなる。

当たり前と思うかもしれませんが、定年が六十歳から十年間も延びるのはものすごいことです。日本の高齢者の労働意欲は国際的にも高くて有名ですが、それは年金をもらいながら片手間でというお気楽感覚もあったからです。働いて七十歳まで生活を支えるとなると状況はまったく異なります。

私の経験では、タクシー運転手の反応でそれが露骨にわかります。六十歳前の若い運転手さんは「生活がたいへんです」と嘆く人が大半で、多くはタクシー業界の規制緩和を実行した小泉元総理が嫌いです。それに対して、年配のタクシー運転手さんはそれなりに気楽に仕事をしています。話を聞くと「年金がもらえるから」ということです。これを部分年金部分就労と言ったりしますが、年金の存在はそれだけプレッシャーの緩和になっているということです。

②競争が激しくなる。

移民を含めた外国人が増え、解雇規制が緩和されると労働市場は激しく流動化します。正社員といえども無条件に会社にとどまることは難しくなるでしょう。

競争の激しさは社内でより顕在化します。できない正社員は放り出される一方で、できる正社員は保護され続けるからです。解雇規制が緩和されようが、労働市場が流動化しようが、優秀な人間は企業が手放したがりません。

終身雇用はそれなりに合理的なシステムです。激しい環境で生きる企業が温情だけで雇用をかかえ込んでいるわけではなく、合理的な理由があって終身雇用を選択しています。
おそらく、その姿勢は今後も変わらないと思います。

③心身の劣化がさらに進む。

今でもうつが問題になっていますが、働く環境に厳しさが増せば、心身の劣化は進むでしょう。また、七十歳近くまで働かなければならないとなると、肉体的なことを考えざるを得ません。

アンチエイジングなど年不相応の若さが強調される昨今ですが、やはり高齢期まで厳しい環境で働くのは辛いでしょう。正社員でさえ解雇の危険があれば、五十歳を超えたベテランだからといって簡単な仕事で窓際ということもなくなります。

日本の中高年期の左遷などは非常に甘いもので、仕事ができない人が閑職に追いやられるという程度でしたが、これからは辛い仕事に投げ込まれて「嫌なら辞めろ！」というように変わると思います。

身体的な劣化については、今現在四十歳前半くらいの人までは何も感じないと思いますが、四十代後半以降の人は実感することが多いのではないでしょうか？

私は今年で四十九歳になりますが、昨年から急に目が悪くなりました。新聞が読みにくいのは言うまでもなく、細かな文字で書かれた資料が見にくくなりました。かつて役所の上司がメガネをはずして、オデコのあたりにかけて、目を細めて資料を見ていた姿を思い出し、はじめて上司の行動が理解できました。そういえば、年配の教授が学生に「フォントは12・5ポイント」と指定していた理由が妙に納得できたりもしました。

おそらく、こういうことを実感すればするほど、身体的な劣化がもたらす影響の大きさを知るはずです。

企業が新しい設備投資先を見つけない限り、お金はだぶつき、バブルが延々と続く

私たち、働く側の変化に対して、企業側はどういう変化に見舞われるかというと、ビジ

ネスマン以上にもがき苦しまなければならない環境に投げ込まれます。

理由は簡単です。新しい産業・雇用の受け皿が見つからないからです。そのため、今後も必死に企業は新しい産業の芽を探すという取り組みを続けると思います。

長期不況の二十年、日本経済を取り巻く苦境と、苦境を抜け出す戦略はほぼ同じです。もはや製造業だけでは立ちゆかない。中国などの追い上げがあり、労働コストの面から対抗できるわけもない。そのため、製造業依存の日本経済は打撃を受ける。そこに日本の競争力を必ずしも反映していない円高の為替レートが追い打ちをかける。

この状況を打開するために政府はさまざまな政策を実施する。何度も大型の補正予算を組んで景気対策を行う。もはや民営化する部分がないくらいに規制緩和を行う。しかし、財政政策も規制緩和も効かない。

結局は、小泉政権でも安倍政権でも、金融政策と世界経済の風を頼りに円安と製造業などの輸出産業を復活させ、日本経済の再浮上を図るということに落ち着きます。日本は内需の国ではありますが、やはり製造業が稼ぎ出す外需が起爆剤になっているということでしょう。

しかし、この構造は日本全体を明るくはしない。一時的に日本が浮上することはあっても、かつてのような輝きをもたらさない。なぜなら、製造業だけでは早晩限界になることは、多くの日本人が感じているからです。

そのため、新しい産業の芽を探そうと産業界や企業は必死です。しかし、ネガティブな感情が染みついているのか、なかなか攻めの経営に転じることができない。その結果、設備投資をする先が見つからないといって、どんどん内部に金を貯め込んでいる。その金はやがてだぶつき、回り回って金融市場に流れ込んで株や穀物などの投機に向かう。

――日本経済は新しい産業が見つからないまま、極端に金を節約するために、日本経済全体の均衡を狂わせているのです。

この苦境を打開するためのポイントは、新しい需要をどう掘り起こすのか、需要を掘り起こすというよりも、企業が積極的に設備投資をするとともに、消費者がこぞって金を突っ込むような産業・企業をどうやってつくっていくのか、ということに尽きます。

おそらく、これがフロントランナーである日本企業に求められることです。

それでは、新しい産業の芽をどうやって企業は探すのか？

日本のような高度産業国家の場合には、最先端のものを生み出していくしかありません。こうなると主戦場はやはり研究開発投資などの知的分野でしょう。さしずめ、今の日本ではｉＰＳ細胞などから考えても、医療産業をどうやって発展させていくかが、これからの日本の行く末を大きく左右することになるでしょう。

2 ビジネスマンのサバイバルの武器としての大学

厳しいサバイバル環境に適応するための最高の武器とは？

働く側と企業側の二つの変化を考慮したとき、私たちがサバイバルするために備えておくべき武器の種類も自然に見えてきます。

ア　長くて厳しい労働環境。
イ　解雇規制が緩んで流動化する労働市場。
ウ　新しいモノを生み出さないと生き残れない企業。

この環境を考えると、サバイバルには、

①「知的さ」（↑ウ）
②「自主独立」（↑イ）
③「持続可能性」（↑ア）

の三つがキーワードになってくると思われます。順に見ていきます。

①知的さ

まずは、「知的さ」。「知的とは何か？」を議論すると、神学論争のような泥沼にはまり込んでしまいますので複雑な定義はやめておきますが、ビジネスにおける知的さでは、

- **新しいアイデアや仮説を考える力**
- **論理を組み立てて証明する力**

の二つが中核となるでしょう。

学者の場合、知的でないと仕事は勤まりません。書籍でも論文でも新しいアイデアが芽生えなければ、何もつくり出すことができません。論理を組み立てるのが苦手なら、机の前で座っているだけになってしまいます。これは、ビジネスマンの場合も同じだと思いますが、これからの時代を考えると、その重みがさらに増すことは間違いありません。

先行きが見えず、常に状況が変化するわけですから、新しいアイデアや仮説を考える能力が重要になるのは当然でしょう。

②自主独立

次の「自主独立」にはさまざまな意味がありますが、ありていに言えば、複数の仕事や収入源を持っておくということです。抽象的な定義よりも、こちらのほうがすっきりしてわかりやすいはずです。

特定者とだけ仕事を続ければ、どんなに信頼できる人だとしても依存してしまう。そんな依存を避けるためには、常に複数者と関係を持っておくことです。

ジェネラリストよりも専門職志向が強まっていると言われるのも、似たような理由からでしょう。専門職であれば、勤めている会社が潰れても違う会社に雇ってもらえる可能性が高くなりますが、ジェネラリストはつぶしがききません。

それでは複数の収入源や仕事、選択肢を持つためにはどうすればいいのでしょうか？

どこからでも仕事をとれるだけの能力があればよいということになりますが、これは簡単なようで難しい課題です。

これまでの日本では、複数者から仕事をとる場合に最も効果的だったのは人脈です。これからも人脈の重要性はそれほど変わらないと思います。その一方で、世の中全体で知的なものが重視されるようになると、必ずしも人間関係や人脈だけが有効な手段ではなくなってくるでしょう。

③持続可能性

三つ目の「持続可能性」は、「働く期間の長さ」がゆえに求められるものです。年金の支給開始年齢が遅くなる一方で、八十歳で三度目のエベレスト登頂を果たした三浦雄一郎さんのような事例が出てくると、現役として働く期間は必然的に長くなります。

そうなると、これまでのように三、四十代で無理をして、五十代で楽をして、最終的に六十歳で引退、というパターンは通用しなくなります。

極端な話ですが、生涯現役として働き続けることができるのがいちばんです。そうなってくると、若いときに無理をして年配になってから楽をする、というキャリアは無理です。先を見据えながら、常に自分の能力を再点検してリセットしていくような持続可能な働き方が求められるようになります。

ガムシャラに働くだけでなく、自分の能力を再発見したりするためには、どこかで立ち止まって新しい知識を仕入れたり、自分自身をチェンジすることが不可欠になってきます。

「大学なんて……」と言いながら、未だに健在な大学神話

知的さ・自主独立・持続可能性という三つをすべて満足させてくれる武器はいったい何でしょうか？　これこそが二十一世紀のビジネスマンの最強兵器になると思うのですが、解が非常に少ないことがわかると思います。

これまでの不透明な日本の労働市場の場合、最も価値があるのは「人脈」でした。流動性が少ない労働市場では実績が明確にならないため、過去の栄光が役立ちません。資格や語学の重要性は言われ続けていますが、資格や語学はあくまで実務経験があって評価されるものです。その意味では、人脈という曖昧なものが非常に力を持ったというのは、驚くべきことではありません。

しかし、労働市場が多少なりとも流動化してくると、人脈の価値は確実に下がるでしょう。なぜなら、労働市場の流動化とは、求める能力・労働条件などが明確な合理的な労働市場になるということです。つまり、転職市場の透明性が増し、人材の評価基準もはっきりとしてくるということです。一部の職業は今でもそうです。求人票に、相当具体的に職務・求める能力・労働条件が書き込まれているものがあります。

前置きが長くなりましたが、ここでポイントとなるのが、本書のテーマである「大学」なのです。人脈や実績、資格や語学も重要ですが、これからは大学と関わることも重要になってくるのではないか、と思うのです。

人脈や実績にとって代わるなどと言ってしまえば、それこそ妄想になりますが、**大学と関わることが、人脈・実績・資格・語学と並ぶ**可能性なら十分あります。

なぜなら、大学は、先に挙げた、知的さ・自主独立・持続可能性の三つと、非常に馴染みがあるからです。

①知的さ

まず何よりも、知的さということについては大学に勝るものはありません。企業側が新しい産業や需要を掘り起こすにあたっては、今以上に産学連携という形で大学と絡むケースが増えるはずです。

新しい製品やサービスの創出、すなわち、プロダクト・イノベーションは、日々の業務から生み出されるプロセス・イノベーションとは違って、イノベーションの中でも中核にあたるものですが、日本で、このプロダクト・イノベーションを最底辺で担っているのは、大学の基礎研究なのです。この基礎研究をもとに企業が応用研究を行い、それがやがて新しい開発へとつながっていきます。

ところが、これまでは、この連携が言われるほどには強くありませんでした。産学連携というかけ声だけで、企業と大学を四六時中行き来している人材も多くはありませんでした。しかし、これからは状況が大きく変動します。必要に迫られているからです。

こうしたことを考えると、今後は産学連携が急速に進み、大学と企業を往復する人材が間違いなく増えるでしょう。また、そういう人材が企業の浮き沈みを大きく左右する可能性が高まっていくものと思われます。

②自主独立

次に、「自主独立」についてですが、これを保つためには自分の能力の高さを世間に示す必要があります。流動性の激しい労働市場では、客観的に能力を示せる通行手形は非常に役立ちます。世間の誰にでもわかりやすい形で実績が公表されていれば、複数者から仕事を受けることができるからです。

たとえば、ビジネスマンから大学教授に転じるつもりで、細々と業界誌にビジネス関連の論文を公表していたとしましょう。これまでは「暇人だなぁ」と思われたかもしれませんが、そういう論文を目にした第三者が仕事を依頼してくる可能性は、今後、非常に高まることが予想されます。

③持続可能性

最後に、「持続可能性」ですが、これについては、大学は多様な役割を果たせます。まず、自分の能力を磨き直すために大学院に入り直せます。それによって新しい能力を身につければ、その後のキャリアが楽になります。また、四十歳くらいになると、自分の知識や経験を伝えるために大学の教壇に立つことで、新しい人生が広がる可能性が高まります。

さらに、長期間働くということに関して言えば、大学教授ほど恵まれた職業はありません。今では多くの大学で定年がありますが、六十五歳標準どころか七十歳やそれ以降というところもあると聞きます。また、定年退職しても名誉教授や特任教授という形で、ずっと関わり続ける人もいます。これは私の見聞にすぎず、都市伝説かもしれませんが、定年がなくて、ものすごく高齢まで働き続ける人のいる大学もあるそうです（あくまで噂ですが…）。

そんなこともあって、五十歳以降に大学業界に転職したいというビジネスマンは結構います。私自身、そういう事例をたくさん知っています。

ビジネスマンから大学教授に転身する近道　寄附講座

これからは大学と関わることでビジネスマンの価値が上がるし、ビジネスマンとしての命も延びる。さらに言えば、ビジネスマンから大学教授に転身するチャンスも増える――こんな状況を後押しするかのように、ビジネスマンが大学と関わるケースは多様化しています。かつてのように社会人大学院生になることと、実務家出身教授になるという典型的な二つに加えて、もっと違った形で関わるチャンスが増えているのです。

詳しくは別の章に譲ることとして、ざっとお話ししておくと、まず、大学と企業の共同研究という形で関わるビジネスマンが増えていることです（自然科学系などが典型ですが）。産学連携で新しい製品を生み出すという目的に向けて、大学側がアイデアを考え、それに対して企業が資金提供しながら製品を作っていくというような形です。

それが最も典型的に現れるのが、**寄附講座の担当者になる**ケースです。

大学の講義はすべて大学のお金で賄われているわけではありません。講義の中には企業の寄附金で賄われているものもあり、それを「寄附講座」と言います。この講座の教授や准教授などの教員スタッフは企業のお金で雇われる形になりますから、実務家出身者が就くケースが多くなるのです。

「21世紀の大学像と今後の改革方策について――競争的環境の中で個性が輝く大学――(答申要旨)」(平成10年10月26日　大学審議会)には、次のように書かれています。

「大学は、今後、その知的資源等をもって積極的に社会発展に資する開かれた教育機関となることが一層重要となる。各大学が地域社会や産業界の要請等に積極的に対応し、それらの機関との連携・交流を通じて社会貢献の機能を果たしていくため、リフレッシュ教育の実施、国立試験研究機関や民間等の研究所等との連携大学院方式の実施、共同研究の実施、受託研究や寄附講座の受入れなど産学連携の推進を図っていく必要がある」

これを見てもわかるように、企業との連携で寄附講座を開くケースは今後ますます増えていくものと思われます。

ちなみに、寄附講座は企業のお金で運営されるのですが、誰が寄附講座の教授や准教授になるのか、その人事権についてはどうもブラックボックスのようです。企業が主導権を握る場合もあれば、大学側が主導権を握るケースもあるようです。

最近増加の客員教授と特任教授

ここ十年で目立って増えてきたビジネスマンと大学との関わり方が、客員教授、特任教授というように、ビジネスマンでありながら年に数回授業を行うという形で、大学教授になるというケースです。

スポーツ選手やタレントなどの著名人が客員教授になったという記事を見たことがある

でしょうし、肩書きに客員教授という文字が添えられた名刺を知人からもらったことがある人もいるかもしれません。

では、客員教授・特任教授ではどこがどう違うのでしょうか？　また、いわゆる教授とは、どう違うのでしょうか？

これらについても、別の章で詳しく述べますが、ひとことで言えば、**客員教授も特任教授も多くは非常勤**だということです。客員教授と特任教授の明確な線引きはなく、大学によってまったく異なります。

一般的に「教授」「准教授」と呼ぶ場合は、正規の教員です。常用雇用のフルタイムということですから、研究・授業・学内行政など多くの仕事をします。もちろん、ボーナスも出ますし、身分も保障されています。

それに対して、客員教授や特任教授は非常勤ですから、身分が保障されているわけではありません。おそらくボーナスも出ないと思います（大学によっては定年で引退した教授を特任教授とするところもあるようですし、何か特別の仕事を任せるケースもあるようですが）。

後でお話ししますが、世間で客員教授や特任教授が増えている理由は、**知名度や実績のある人に客員教授・特任教授になってもらって大学の知名度を上げようという狙い**があるからです。また、非常勤ですから、採用にさほど神経質になる必要がないというのもあるでしょう。

客員という言葉に絡めれば、**「客員研究員」という形で大学に籍を置く**ケースもあります。時折、テレビなどに出てくる評論家の中に、海外の有名大学の客員研究員などの肩書きを持っている人がいます。研究員の場合、客員教授と異なって授業を担当することはなく、まさに研究員として自分のテーマを研究するのがおもな仕事となります。

最後に、従来にもあった「非常勤講師」について触れておきましょう。非常勤講師も大学で授業を受け持ちますが、週に一度律儀に教えに来るケースから月に一度のケースまで、さまざまです。

昨今では、国外の大学と関わる人も増えています。このように、大学とビジネスマンとの関わり方が多様化している背景には、大学側の事情の変化もあります。それは大学もまた、変化することを求められているということです。

一九九〇年代というのは、長期不況の中でさまざまな業界が試行錯誤を繰り返しながら構造改革をしてきた時代と言えますが、その間、大学もまた、さまざまな改革の嵐に呑み込まれてきました。少子高齢化などに直面して学生数が少なくなるなか、大学自身も変わらざるを得なくなっているのです。

こういう事情も踏まえたうえで、本書では大学とのさまざまな関わり方を示してみたいと思います。これまでも「サラリーマンから大学教授になる方法」といったノウハウ書はありましたが、本書では、より広く大学との絡み方を取り上げていきたいと思います。

第2章
ビジネスマンから大学教授に転身する方法

1 実は弾力的な大学教員の採用基準

ビジネスマンの大学との関わり方は多様化していますが、まずはオーソドックスに(?)大学教授になる方法をお話ししましょう。

ビジネスマンから大学教授になる方法はいくつかありますが、これからお話しするのは、**私の実体験をもとにした、公募で大学教授に転身する方法**です。

これまで「サラリーマンから大学教授になる方法」といった本が数々出されていますので、大学教授に転職しようかなぁ……と思っている人は、多少なりともそのノウハウを知っているかもしれませんが、公募で大学教授に転身するためのノウハウについては本書以外にはないと思います。

大学と病院に共通する、人事の決定権の曖昧さ

公募であれ、指導教授のコネであれ、大学教員になった人が、赤裸々に「どうすれば大学教授になれるのか？」ということを語ることはあまりありません。なぜかというと、それはグロテスクな人事だからです。恥ずかしい思いもあって、そんなに語りたくないものなのです。

通常、「誰を採用するか」ということに関して、大学には大学なりの基準や考え方があります。ここは企業と同じです。ただし、企業とは異なる部分もあります。それは、誰を採用するかを含めて**人事の決定権が曖昧**なところです。

単刀直入に言って、通常の民間企業と同様に経営者（理事長）が強い権限を持っている大学もあれば、「教授会」という組織が強い権限を持っている大学もあります。

民間企業や役所の人には「教授会」という言葉は馴染みがないかもしれませんが、教授・准教授・助教などの大学教員が集まった職員組織みたいなもので、多くの大学では、

教授会で物事が決定されていきます。カリキュラムをどうするか、新しい教員の採用をどうするのかなど、多くの事項が教授会にかけられ、そこでの合意を得ない限り決定できないというシステムになっています。全員合意の極地です。そのため、思い切った構造改革などは不可能だと言われてきました。

本書は教授会を説明する解説書ではありませんので、私のような実務家から見た教授会の意義を説明しておくにとどめますが、「大学の自治」と言うくらい、昔から大学には独立性が保障されていました。また非常に専門性が高い仕事でもあります。そのため、大学運営に関わる事柄に関しては、そこで働く教員自身が大きな権限を持ってきました。その象徴が教授会なのです。

私は役所勤めの経験しかありませんが、民間企業や役所と違って職種別の壁が大きい大学・病院の二つは同じような構造だと思います。大学教授・医者は社会的地位や専門性が高い。当然、組織内での発言力が高まります。その結果、経営マターも専門家が大きな発言力を持つことになってしまったわけです。

教授会が強いことの影響は良悪二つの側面があります。経営者が学問に介入することは望ましくない一方で、マネジメントにまで素人の大学教授が口を出せば、組織が回らなくなります。その弊害はこれまでも議論されてきましたし、安倍内閣では改革の対象にもなっています。

日本経済新聞（2013年5月22日）によりますと、政府の教育再生実行会議（座長・鎌田薫早稲田大総長）は、大学改革を学長主導で迅速に進めるため、教授会の役割を限定することも盛り込んだ提言をまとめ、安倍総理に提出するということです。

採用基準も難易度もまったく異なる三種類の大学教授

話を教員の採用に戻しましょう。それでは教員の採用に関して、理事長など経営側の力の強い大学と教授会の力の強い大学で、明らかな差はあるでしょうか？

差がないというのは嘘になります。ただ、ワンマン経営の私立大学のように理事長の鶴の一声ですべてが決まるという例外は除いて、経営者であろうが教授会であろうが、ほとんどの大学の採用基準は共通していることは確かです。

時折、どうせ大学なんて……とか、バカな教授会が……とか悪口を言う人がいますが、そうはいっても医者や大学教員はそれなりに人事評価の基準がはっきりした世界です。そのため、誰が権限を握っていようと採用基準は明白なのです。

その採用基準については後々お話ししますが、ここで一つだけ言っておきたいのは、**正規の教授と非正規の客員教授や特任教授では採用基準が大きく異なる**、ということです。

なぜ、採用基準が異なるのか？　傲慢な言い方かもしれませんが、正規の教授の採用にはさまざまな思惑が絡むのに対して、非正規の教授の採用はそれほど深刻な問題ではないからです。

企業でも正社員と非正規社員の採用基準は違います。人事担当ポジションの力の入れ方もまったく違います。これと同様に、正規の教授（准教授・助教）を採用する場合には、みんな目の色が違ってきます。大学教員のポストはそれほど多くないため、正規の大学教授を採用するとなると、そのポジションを誰が確保するのかを巡って、それぞれの教授の思惑などが働いて、ドロドロの人事劇が始まるからです。

というわけで、まずは正規の大学教員の採用からお話しし、その後で客員教授や特任教授などの非正規の大学教員の採用についてお話ししたいと思います。

なお、本書では以下、何の断りもなく「大学教授・大学教員」という場合は正規の大学教員という意味です。その他の客員教授などを指す場合は「客員教授」「特任教授」という呼称を使うことにします。

正直申し上げて、両者の重みは相当違いますが、マスコミなどが正規教授と客員教授などを区別することなく「教授」と安易に報道するからか、世間には混乱している人も相当います。有名人であれば誰でも教授になれる、と誤解している人もいるかもしれませんが、もちろん、そんなバカなことはありません。

大学教員になるために特別な資格は必要とされない？

まず、大学教員になるために資格は必要ありません。医師や薬剤師のように国家資格はありません。諸外国の中には博士号を必須の資格要件にするところもありますが、日本にはそのような要件はありません。

一般的には、大学から大学院博士課程前期（通常二年間）→大学院博士課程後期（通常三年間）に進んだ人が大学教授になると思われています。社会人経験のない研究一筋の純粋培養です。これがおそらく一般の方の印象です。

しかし、最近は少子高齢化で若者が少なくなる一方で、社会人が大学院に再入学するケースが増えていること、専門職大学院など実務的な知識を提供することが必要になっていることから、**ビジネスマンなど実務家出身の大学教員も増えています。**

もちろん、教員資格について何の定めもないというわけではありません。文科省の省令（大学設置基準80～82ページ参照）ではさまざまなことが定められています。たとえば、教授になる場合には六つの要件が定められています。

ただ、要件があるからといって、**必ずしも厳格な要件になっていない**のがポイントです。六つの要件をすべて満たす必要はなく、いずれかに該当すればよいということになっていますし、最後の六つ目は「専攻分野について、特に優れた知識及び経験を有すると認められる者」という曖昧な規定になっています。ちなみに、ビジネスマンや役人などの実務家が実務での実績が評価されて大学教員に転身する場合には、この六つ目の規定によるということになります。

それでは大学教員はどうやって採用されるのでしょうか？

これは少し前まで本当に謎でした。今でも謎に包まれているのが実態ではないでしょうか？　おそらく、数少ないイメージは、先に触れたように、大学院に残った人がそのまま純粋培養されて、その人を指導してくれた教授のコネなどで大学教員になるというものでしょう。

私が今でもよく覚えているのは、著名なスポーツ選手が大学教員に転じたとき、テレビのインタビューで「大学教員はなろうと思ってなれるもんじゃありませんから」と笑顔で語っていたシーンです。

これほど謎に包まれているのは、大学教員の採用が不透明だったからです。求人などがマスコミやハローワークに出ているわけではありません。そもそも、大学教員になれる人材はそれほどいませんので、マスコミなどに求人を出す意味もありません。各大学が人脈を使って秘密裏にやってきたからだと思います。

大学教員の採用は、今や、コネより公募が主流！

大学教員の採用は大きく二つに分かれます。

一つ目はコネです。どこかの大学で年配の教授が定年で辞めたとしましょう。その空いたポストを巡って、さまざまな人間が人脈を駆使して人事を巡る暗闘を繰り広げる。そんな象牙の塔の世界がイメージされますが、現実は多少違います。どこの大学も優秀な教員がほしい。そのため、学会や大学教員の人脈をたどって、これはと思う人材に「今度うちの大学のポストが空くんですが……」と誘いをかけるわけです。

このような「オファーがかかる人間」になるためには、人脈形成が非常に重要です。大学教員も民間企業もそこは同じです。誰だって近い知り合いに「うちの会社に来ませんか？」と誘いをかけるでしょう。そのため、世間をよく知っている大学院生などは、せっせと学会に通っては、懇親会などにも積極的に顔を出すわけです。

ちなみに、学会とは専門分野の学者がつくっている会合のようなものです。日本○○学会というように、専門分野ごとにつくられていて、一年に数回会合を開いて自分たちの研究成果を発表します。ここに頻繁に出入りしていると、さまざまな学者と知り合いになれますので、オファーをもらえる可能性もそれだけ高まるということです。

しかし、**現在はこの種の「コネ採用」は主流ではありません。今や事情はまったく変わっていて、大学教員は公募されています。**独立行政法人の科学技術振興機構が「この大学が募集していますよ」というように求人情報をサイトで流しています。つまり、**インターネットで公募情報が流れている**のです。

より正確に言うと、**「JREC-IN（研究者人材データベース）」**（JREC-IN〈ジェイレックイン〉：Japan REsearch Career Information Network）というものがあって、研究職を希望する求職者情報と、大学や研究所が出す求人公募情報をそれぞれデータベース化していて、ネットを通じて流しているのです。無料で見ることができます。

もちろん、すべてがJREC-INの公募というわけではありません。私は新聞で「大学教員募集」というのを見たことがあります。他方で、未だに一本釣りで特定の人に声をかけて採用するところもあると聞きます。もちろん、公募といってもガチンコ勝負かどうかはわかりません。あらかじめ候補者が絞り込まれているものもあるでしょう。

いずれにしても**今や主流としては公募です**。その意味では、誰でも大学教授になれる可能性があるということです。

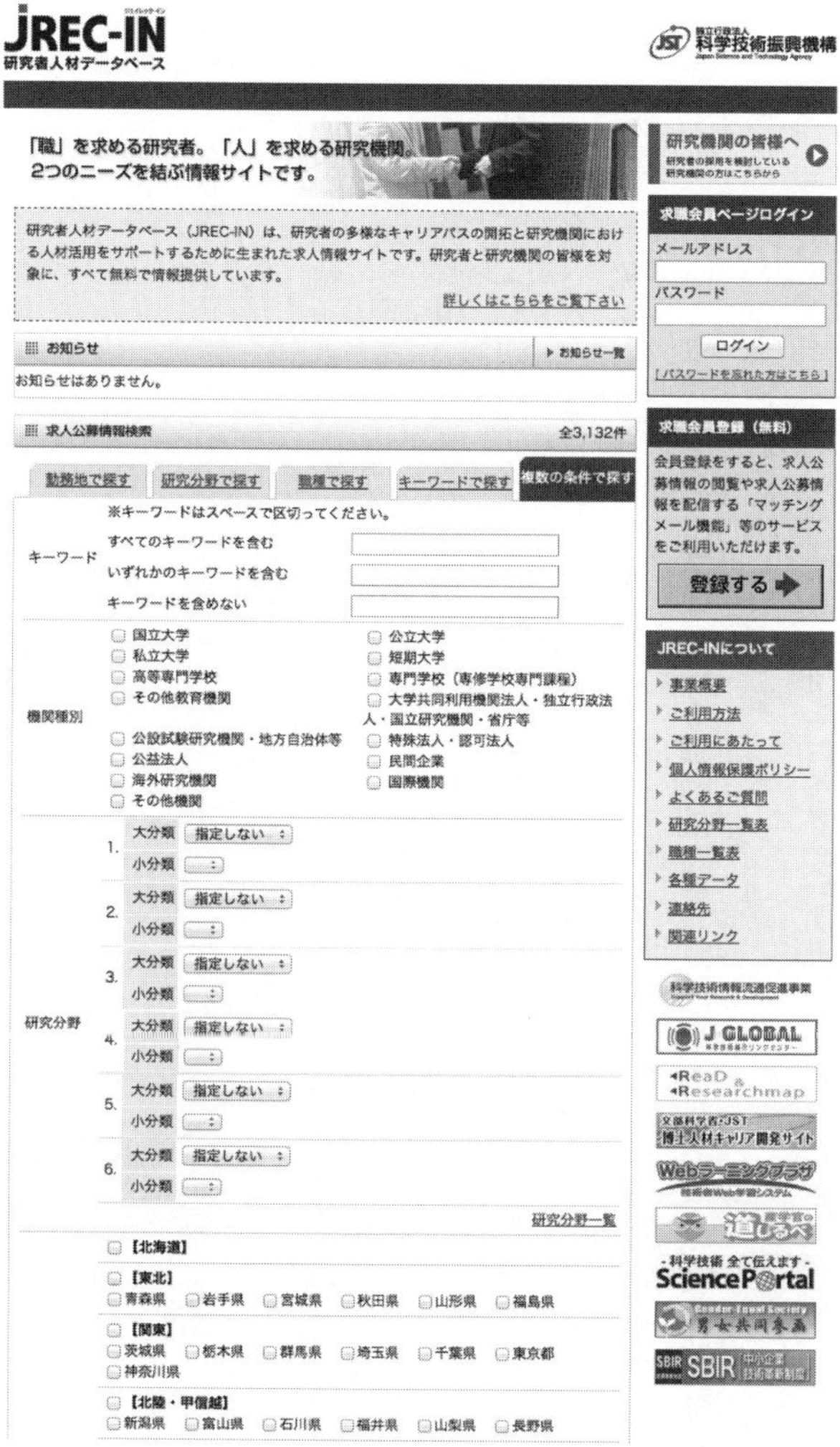
JREC-IN
研究者人材データベース
JST 科学技術振興機構
「職」を求める研究者。「人」を求める研究機関。
2つのニーズを結ぶ情報サイトです。
研究機関の皆様へ
研究者人材データベース（JREC-IN）は、研究者の多様なキャリアパスの開拓と研究機関における人材活用をサポートするために生まれた求人情報サイトです。研究者と研究機関の皆様を対象に、すべて無料で情報提供しています。
詳しくはこちらをご覧下さい
求職会員ページログイン
メールアドレス
パスワード
ログイン
お知らせ
お知らせ一覧
お知らせはありません。
求人公募情報検索
全3,132件
勤務地で探す
研究分野で探す
職種で探す
キーワードで探す
複数の条件で探す
※キーワードはスペースで区切ってください。
キーワード
すべてのキーワードを含む
いずれかのキーワードを含む
キーワードを含めない
機関種別
国立大学
公立大学
私立大学
短期大学
高等専門学校
専門学校（専修学校専門課程）
その他教育機関
大学共同利用機関法人・独立行政法人・国立研究機関・省庁等
公設試験研究機関・地方自治体等
特殊法人・認可法人
公益法人
民間企業
海外研究機関
国際機関
その他機関
研究分野
大分類 指定しない
小分類
研究分野一覧
【北海道】
【東北】
青森県 岩手県 宮城県 秋田県 山形県 福島県
【関東】
茨城県 栃木県 群馬県 埼玉県 千葉県 東京都 神奈川県
【北陸・甲信越】
新潟県 富山県 石川県 福井県 山梨県 長野県
求職会員登録（無料）
会員登録をすると、求人公募情報の閲覧や求人公募情報を配信する「マッチングメール機能」等のサービスをご利用いただけます。
登録する
JREC-INについて
事業概要
ご利用方法
ご利用にあたって
個人情報保護ポリシー
よくあるご質問
研究分野一覧表
職種一覧表
各種データ
連絡先
関連リンク
J GLOBAL
ReaD & Researchmap
博士人材キャリア開発サイト
Webラーニングプラザ
-科学技術 全て伝えます-
SciencePortal
SBIR

資料①　大学設置基準　（昭和三十一年十月二十二日文部省令第二十八号）

【教授の資格】

第14条　教授となることのできる者は、次の各号のいずれかに該当し、かつ、大学における教育を担当するにふさわしい教育上の能力を有すると認められる者とする。

(1)　博士の学位（外国において授与されたこれに相当する学位を含む。）を有し、研究上の業績を有する者

(2)　研究上の業績が前号の者に準ずると認められる者

(3)　学位規則（昭和28年文部省令第9号）第5条の2に規定する専門職学位（外国において授与されたこれに相当する学位を含む。）を有し、当該専門職学位の専攻分野に関する実務上の業績を有する者

(4)　大学において教授、准教授又は専任の講師の経歴（外国におけるこれらに相当する教員としての経歴を含む。）のある者

(5)　芸術、体育等については、特殊な技能に秀でていると認められる者

(6) 専攻分野について、特に優れた知識及び経験を有すると認められる者

【准教授の資格】

第15条　准教授となることのできる者は、次の各号のいずれかに該当し、かつ、大学における教育を担当するにふさわしい教育上の能力を有すると認められる者とする。

(1) 前条各号のいずれかに該当する者

(2) 大学において助教又はこれに準ずる職員としての経歴（外国におけるこれらに相当する職員としての経歴を含む。）のある者

(3) 修士の学位又は学位規則第5条の2に規定する専門職学位（外国において授与されたこれらに相当する学位を含む。）を有する者

(4) 研究所、試験所、調査所等に在職し、研究上の業績を有する者

(5) 専攻分野について、優れた知識及び経験を有すると認められる者

【講師の資格】

第16条　講師となることのできる者は、次の各号のいずれかに該当する者とする。

(1)　第14条又は前条に規定する教授又は准教授となることのできる者

(2)　その他特殊な専攻分野について、大学における教育を担当するにふさわしい教育上の能力を有すると認められる者

「大学教授募集中！」求人票から読み解く、求められる人材とは？

どういう求人票が出ているのか、具体的な事例を三つ見てみようと思います。これらはいずれもネットで実際に公開されていたものです。試しに一度アクセスすれば、似たような事例を見ることができます。ここでは解説する必要のある情報だけを抜き出したものを掲載しています。

また、わざわざ実名を出す必要もないと思いましたので、大学名はイニシャル表示にしてあります（公開されているのでイニシャル表示の必要はないかと思いましたが、これか

ら私の独断とこれまでの公募体験に基づく求人分析を行いますので、求人を出す大学側の意図と食い違う可能性を考慮のうえ、念には念を入れてこのような形式をとりました)。

さて、求人票の解説に移りたいと思います。次に挙げる事例1・事例2・事例3の図表をご覧になるとわかると思いますが、どの求人票も仕事内容・研究分野・職種・勤務地・募集人員などの記述は簡易なもので、大学による違いは見られません。

違いがあるのは**応募書類**です。

履歴書と研究実績書は共通していますが、その他の書類には違いがあります。実際に授業を受け持つことを想定してシラバス(授業計画)を書かせるところもありますし、今後の研究計画を書かせるところもあります。

さらに特徴があるとすると、それは**応募資格**のところです。応募資格を読むことで「どういう人材を求めているのか」がわかります。各大学ともこの部分にはそれなりに力を入れると思います。

事例1 求人公募情報（A大学　経営管理論）

データ番号 Data item number	○○○○○○○○○○○
タイトル Title	経済・経営学系専任教員の募集について （専門分野：経営管理論）
機関名 Institution	A大学
部署名 Department	経済・経営学系
応募資格 Qualifications	1）大学院博士後期課程単位取得者または博士の学位を有する者。 2）学生の「海外ビジネス研修」のコーディネートが可能であること。 3）英語で講義が可能であること。 4）本学の建学精神に理解を有し、大学における教育や各種業務に熱意をもって取り組めること。 5）着任後、大学の通勤可能地域に居住できる者。
応募書類 （送付先を含む） Application materials	【応募書類】 1）履歴書（6か月以内に撮影した写真貼付、捺印） 注：本学より問合せをする場合がありますので、電話番号およびE-mailアドレスを必ず記入してください。 2）教育・研究業績一覧（A4判用紙を使用） 2）著書・論文等主要研究業績（3点、各1部、論文はコピー可）（それぞれに400字程度の説明を付けること） 4）学群：「経営管理論」（1学期15回：1回90分）及び大学院：「経営管理論研究」（1学期15回：1回90分）、「経営組織論研究」（1学期15回：1回90分）のシラバス。A4判用紙1枚に授業目標と授業計画のみを記すこと。 5）応募資格を証明するもの（学位証明または学位記の写し） 【送付先】 ○○○○○○○○○○○○○○○○○○○○○○○○ 注1．封筒の表面に「○○○○○○○○○応募書類在中」と朱書きし、郵便書留で郵送してください。 なお、提出書類は原則として返却いたしません。 注2．応募についての秘密は厳守いたします。

まず**一つ目の事例**ですが、募集分野が経営管理論ということもあるのか、アカデミックな要件が強いようです。博士号の取得を前提にして、英語で講義が可能であることを求めています。この二つの要件を満たす人材はそれほどいないでしょう。

たとえば、日本の大学で修士号を取得した後、アメリカで博士号を取得して、そこで少しでも教えた経験がある。こういう人材が圧倒的に有利になりますが、こういう人は非常に少ない。

ビジネスマンなどの実務家が応募した場合の採用の可能性は残念ながら、非常に低いと思います。現実問題として経営学関連の博士号を持ち、英語で九十分の授業を担当できる人はそれほどいないでしょう。

それに対して、次のページの**二つ目の事例**は少し異なります。これは「まちづくり論」の担当教員の求人票ですが、博士号の取得が前提にはなっていますし、経済学・政治学・社会学・経営学のいずれかの学問的基盤があることを求めています。

その意味では正統なアカデミック出身者を求めているわけですが、その一方で、フィー

事例2 求人公募情報(B大学　まちづくり論)

データ番号 Data item number	○○○○○○○○○○
タイトル Title	「まちづくり論」担当教員の公募
機関名 Institution	B大学
部署名 Department	経済学部
応募資格 Qualifications	1)博士の学位を有する方または同等以上の学識を有する方。 2)公共マネジメント実習・公共マネジメント特講等を担当できる方。なお、公共マネジメント実習はフィールドワーク等の指導を内容とする科目、公共マネジメント特講は自治体等の経営と業務に関する科目です。 3)経済学・政治学・社会学・経営学のいずれかの学問的基盤のある方。 4)フィールドワークの経験・関心のある方。 5)国籍は問わないが、業務に支障のない日本語運用能力を有する方。
応募書類 (送付先を含む) Application materials	【提出書類】 1)履歴書 2)研究業績一覧 3)主要な研究業績5点以内(コピー可) 4)主要な研究業績3点の要約(各1000字以内) 5)教育歴、社会的活動歴 6)着任後の教育・研究計画 注1.上記の書類の提出に際しては、本学ホームページの採用情報のサイトの「応募書類の作成・提出について」をよく読み、その指示に従ってください。(1)の履歴書は指定の様式を用いてください。 注2.追加ですべての業績(コピー可)およびその他必要な書類の提出を求めることがあります。 注3.応募書類は原則として返却しませんので、返却を希望する場合は、返信用封筒(返送先を明記し、所定の金額の切手や着払伝票を添付したもの)を必ず同封してください。 注4.応募書類の個人情報については、採用審査以外の目的には使用しません。 【提出先】 ○○○○○○○○○○○○○○○○○○○○○○○ ○○○○○○○○○○○○○○○○○○○○○○○ ○○○○○○○○○○○○○○○○○○○○○○○

ルドワークの経験・関心があることも募集要件になっています。

学者のすべてがフィールドワークをやっているわけがありません。象牙の塔と言うくらいですから少数者かもしれません。逆に、まちづくりの現場に関わっている人であれば、フィールドワークに携わっている可能性が高い。たとえば、商工会議所やシンクタンクやNPOで現実にまちづくりに関わっている人だと、俄然、採用される可能性が高くなる。そういう可能性を匂わせる応募資格です。

三つ目の事例にいきましょう。これも経営学での教員募集です。募集資格を見ていると、博士号の取得に加えて、論文や著書の実績まで求めていますので、これまでの二つよりも厳しい要件を科しているように見えます。

その一方で、「教育経験に加え、実務経験があれば尚可」という文言に注目してください。商品企画の設計を学生に教えるとなると、大学で勉強しているだけでだいじょうぶなのか？　現場を知っていないとどうしようもない。こういう問題意識が少しはあるからこそ「実務経験があれば尚可」となっているわけです。

事例3 求人公募情報(C大学　経営学)

データ番号 Data item number	○○○○○○○○○○
タイトル Title	専任教員公募(経営学)
機関名 Institution	C大学
部署名 Department	経営学部 国際経営学科
応募資格 Qualifications	経営学分野の商品企画設計論に精通する研究・教育者。マーケティング・リサーチおよび収集データの分析を通して、商品企画につなげるまでの手法に精通し、それを学生に分かり易く教えることができる人材を募集します。教育経験に加え、実務経験があれば尚可。 1) 博士の学位を有する者であること。学術論文6篇(うち査読論文2篇)以上、もしくは著書3冊以上(共編著を含む)の学術上の業績があること。 2) 博士課程修了あるいは同等の資格を有する者で、大学等における研究・教育歴がある者。学術論文(うち査読論文2篇以上)等の業績が6篇以上あること。
応募書類 (送付先を含む) Application materials	1) 履歴書(写真貼付)1部 2) 研究業績目録　1部(主要業績3篇に○印をつける) 3) 業績の現物もしくはコピー　2篇 学術論文等の主要業績のうち2篇を応募書類と共に送付してください。 4) 「大学における教育に関する理念と抱負」1,200字(A4判1枚)程度の文書　1部 5) 担当科目の講義要項(シラバス) 「商品企画設計論」(学部2年生以上対象)について、1セメスター(半期・15週)分のシラバスを作成してください。 ※「履歴書」および「業績書」については、本学所定の統一書式を以下の本学ホームページからダウンロードしてください。 ○○○○○○○○○○○○○○○○○○○○○○○ ※選考過程で健康診断書の提出を求めることがあります。 【書類提出】 ○○○○○○○○○○○○○○○○○○○○○○○○ ○○○○○○○○○○○○○○○○○○○○○○○○ ※封筒の表に「商品企画設計論 担当教員応募書類」と朱書きし、書留にてご送付ください。 ※提出していただきました業績審査資料については、原則として書籍以外は返却しませんのでご了承ください。なお、応募書類の個人情報は、学内審査手続、採否通知にのみ使用します。

しかも、博士号の取得は絶対条件というわけでもない。**博士課程修了と同等の資格**を有する者であればいいと書いてある。こうなってくると、ビジネスマン出身者に相当可能性があるというようにも読めてきます。

このように求人票をこまめに見ていると、「どの分野ならビジネスマンでも可能性があるか？」あるいは「どの分野ならビジネスマンに有利か？」ということが見えてきます。そうすると、明らかに一つ目の求人は不利だということがわかると思います。そうなってくると、求められる書類を手間暇かけてつくっても無駄になるということです。

門外不出で誰も知らない、大学教員になるための就活

それでは公募による採用の決め手は何でしょうか？

採用プロセスを少し説明しようと思います。

まず、応募しようとする大学を決めたら、そこに必要書類を送ります。**書類は履歴書と**

研究実績書の二つが基本です。大学によってはこの二つに加えて、推薦状、健康診断書、授業を受け持つ場合のシラバスなどが求められることもあります。

履歴書は学歴や職歴を書いたもので、民間企業の採用時に求められるものと同じです。違うのは研究実績書です。文字どおり、これまでの研究の実績を示すもので、論文や書籍などをどれだけ書いてきたかを示したものです。

この二つの書類を中心に人事は進みます。どこの大学でも採用委員会のようなものが立ち上がり、応募者の書類をこまめに見ます。

ポイントはいくつかあります。

①まず、**博士号を持っているかどうか**。博士号を取得するためには、大学院博士前期課程に二年、博士後期課程に三年在籍して博士論文を書かなければいけません。

ただし、日本の場合には博士号の有無は決定的な要素にはなっていません。**博士号を持っていない教授はたくさんいます**し、専門分野によっては博士号を出さないと噂される大学院もあって、博士号の有無が学者の実力を図るメルクマールになっていないからです。

たとえば、旧帝国大学を卒業して、大学院にも行かずにそのまま助手になり、ものすごい速度で准教授→教授と駆け上がる人もいるからです。また、先ほどもお話ししましたが、実務家の場合には実務経験が評価されて採用されますので、必ずしも博士号を持っているわけでもありません。

②次に、**論文や書籍数・その質**です。たとえば、権威のある学会の学会誌（学会が発行する雑誌）に掲載された論文などがあれば、それだけで採用にはものすごく有利になります。論文については後に詳しくお話しします。

③この二つに加えて、ビジネスマンなどの実務家の場合には、**実務上の優れた実績**がどれくらいあるのかも考慮されるでしょう。

公募に応募してくる人はものすごい数に上ると言われます。特に首都圏などの著名大学の場合、一人の採用に数百人は応募するとも聞きます。これはあくまで私が間接的に聞いた話にすぎませんが、首都圏の大学のメディア系学部が公募したとき、ものすごい数のマスコミ関係者が応募してきたそうです。大手マスコミといえども不況で先行きが見えないだけに、このような行動につながっているのかもしれません。

しかし、何百人応募したとしても、**①博士号の有無、②優れた研究実績、③優れた実務実績**という三つの基準でふるいにかけると、相当数の応募者があっけなく落ちていきます。それを経たうえで、わずか数人に絞られた応募者に対して面接を行います。大学によっては**面接に加えて模擬授業**などをやらせるところもあるようです。

これが大学教員公募のプロセスです。おそらく採用内定までにかかる時間は二〜三ヶ月くらいだと思います。ただし、博士号や研究実績を提出した時点でおおよその勝負は決しているという見方もできますので、実際に要している時間はもっと短いかもしれません。

この採用プロセスの最大の特徴は「書類審査」だという点です。大学教員の採用というと、即座にコネと思う人がいるかもしれませんが、これは基本的に間違いです。確かに、人事である以上、さまざまなコネが絡むことは否定しません。しかし、他の職業と比較すると、個人で働いているだけに業績は極めてわかりやすい。そのため、書類審査を採用基準にできるわけです。

民間企業は面接重視です。特に、文系のビジネスマンのように能力の基準がはっきりしないうえに、日本のような流動性の低い労働市場ではコミュニケーション能力などのソフトスキルが重視されますから、何度も面接をして採用することが合理的です。

一方、公務員の場合には試験です。現実問題として公務員の場合には仕事で法律を使いますので、法律知識を含めてペーパーテストを採用基準にすることには合理性があります。

それに対して、大学教員の場合には書類審査にすることが極めて合理的なやり方なのです。もちろん、書類だけですべてが判断できるわけではありません。どれだけ優れた実績があっても人間性に大きな問題があったりすると困ります。そのため、**多くの大学は面接も行う**のです。

2 ビジネスマンが正規の大学教授に転身する方法

ビジネスマンとしての実績で大学教授に転身する人は、ひと握り

次に、どういう人が大学教授として採用されやすいのかを説明しようと思います。「研究実績のある人」というだけでは不親切すぎるでしょう。現実はもう少しドロドロしています。

まず、大学教授になるためのルートはいくつかあります。そのため、病気の治療と同じで、自分に適したことをしなければいけないということです。

ルートはすでにお話ししたように、大きく二つに分かれます。

一つは学部から大学院博士前期課程→博士後期課程と進んで、そのまま公募なり先生の

紹介なりで大学に就職するというものです。これが数少ない、大学教授への就職としての一般的なイメージです。この場合、採用されるかどうかは、先ほどお話ししたように、博士号の有無と研究実績が大きな比重を占めます。

それに対してもう一つは、大学を卒業してビジネスマンや公務員になってから大学教授に転身するものです。多くの方は、こちらに興味があって、本書を読んでくださっているのでしょう。ここにはさまざまなパターンがあります。

①**ビジネスマンでありながら研究職的な仕事をしている人。**企業にも中央官庁にも研究所があります。こういう人は働きながら大学院などに通いやすいですし、大学教員とのコネもつくりやすい。そんなこともあって、チャンスがあれば虎視眈々と大学への転身を狙っています。理系の場合にはこういう人がたくさんいます。

②**大学教員への出向経験がある人。**中央官庁には大学教員への出向ポストがあります。

民間企業の場合であれば、寄附講座という形で会社がお金を払って大学に講座をつくり、そこの教員として赴任するというパターンもあるでしょう。こういう経験をすれば人脈・実績が豊富になるので大学教授への転身に有利になります。

③**実績のある人。**「ミスター○省」「ミスター○社」と呼ばれるくらいに実績があると、実務経験だけで大学教授になれます。役員出身のビジネススクールの教授なんて、ものすごく格好いいですよね。しかし、これはごくひと握りの人です。

④**職場に隠しながら大学教授へ転身しようとする四十代半ばくらいまでの若手ビジネスマン。**この場合、さまざまな形で大学教員になろうとする人がいます。たとえば、私のように社会人大学院に通いながら博士号をとる人もいれば、さまざまな異業種会合にせっせと顔を出して人脈を形成しようとする人もいます。

①〜③は例外的ですので、ここで解説してもあまり意味はないでしょう。特に注意すべ

きなのは実務の実績で大学教員に転じるというケースです。**少し厳しい言い方かもしれませんが、ビジネスの実績だけで大学教員に転職できるほど、大学業界は甘くはありません。**

ビジネスなど実務の実績だけで大学教授に転身するような人は一般に高齢です。日本のような年功序列の組織では、ビジネスの実績を上げることができるのは五十歳以降が一般的でしょう。そのため、五十歳前の人の場合、ビジネスマンとしての実績だけで転身するのは無理です。もちろん、三十代で役員を経験したとか、ものすごい大きなプロジェクトを成功させたといった事例はありますが、それはあくまで例外です。

何の実績もない若造が、実績だけで大学教授に転身できるような著名人の真似をしてもしかたがありません。

昨今、役所でも天下りが厳しく抑制されていることもあって、官僚を辞めた後、大学教授に転じる人が増えています。かれらがどのようにして大学教授のポストを得たのか、残念ながら詳しく聞いたことはないのですが、おそらく管理職以上の経験者で五十歳以降の人であれば、実務実績が非常に重く評価されているのだと思います。

レアケースから鉄板ケースまで、ビジネスマンから大学教授に転身するさまざまなパターン

それでは現実にビジネスマンから大学教員に転職する場合、何が採用のポイントとなってくるのかを今一度詳しく整理し直そうと思います。ここではレアケース、オーソドックスなケース、鉄板ケースの三つに分けてお話しします。

〈レアケース〉

まず、レアケースからです。先ほどお話ししたとおりです。

ビジネスマンとしての実績と知名度の二つを基盤にした大学教員への転身です。

この二つを満たすことのできる人は五十歳を超えていて役員経験があるといった人です。あるいは、定年退職間際の人かもしれません。三十歳でビジネスの実績だけで教授になるような人はまずいないでしょう。

実績の具体的な中身ですが、特定の分野に強いというのがベターです。マーケティング、

営業、財務など特定分野での実務経験が長いと、その道のプロと判断されるからです。

社長や役員という人を除いては、単なる実務経験というのでは印象が薄すぎます。ちなみに、何年以上の勤務が専門家認知のポイントとなるかですが、私の経験では少なくとも三〜五年以上ではないかと思います。たとえば、ビジネスマン生活が二十五年あるとして、マーケティング分野に十年在籍していたとなれば、その分野の専門家として認知されやすいということです。

知名度については、テレビ出演などの全国区レベルであれば完璧です。ただし、こういう事例はそれほど多くありません。多くは、特定の業界で「知る人ぞ知る」というものだと思います。

繰り返しますが、実績と知名度で大学教授に転身するというのは例外です。

さまざまな理由がありますが、大学教授というのは非常にプライドの高い人種です。また、大学教授というポストを得るために苦しい思いもしています。そのため、外部からやってきた人間に易々とポストを渡すわけがありません。無血開城するのであれば、**大学教授が唸るような実績と知名度が必要**だということです。

〈オーソドックスケース〉

オーソドックスなのは、**ビジネスマンとして実績を積みながら、さまざまな雑誌などに論文を発表している**というケースです。ビジネスマンとして十年以上の経験があることに加えて、業界誌や学会誌に論文を発表しているような場合、大学教員に転職できる可能性が俄然高まります。

〈鉄板ケース〉

最後に鉄板ケースです。もしビジネスマンから大学教授への華麗なる転身を四十歳前後に実現したいと考えているのであれば、この鉄板ケースをお勧めします。

その要件は次のとおりです。

まず、**十年以上のビジネスマンとしての実績**です。これは、必須の前提条件です。これに加えて、**①博士号の取得、②論文、特に学会誌に掲載される学術論文、③学会活動への参加、④学会活動を通じた人脈形成、の四つがあれば完璧**だと思います。

四つあれば完璧ですから、必ずしも四つ揃っていなくてもだいじょうぶです。私自身もそうでした。むしろ**四つ揃っている人は例外**です。あくまでも理想型だと思ってください。

まず、博士号についてですが、博士号の取得には時間とエネルギーがかかります。ビジネスマンとして働きながら取得するとなると、なおさらです。それだけに価値がものすごくあります。書類を見た側も「へー、すごい」となります。

採用する大学側から言えば、「俺はビジネスマンだ」と威張り散らしている人よりも、「アカデミックな価値をものすごく尊重してます」というビジネスマンに惹かれるのは当然でしょう。働きながら、わざわざ博士号を取得しているような人はそう見なされやすいということです。

しかも、博士号を取得しているのであれば、大学のさまざまな事情にも詳しいと見なされます。「学内行政」と言うくらい、大学にはさまざまな雑務がありますが、そういうことにも一脈通じていると思われるのは非常に有利です。

私自身、新潟県庁の課長として**働きながら博士号をとりました**。そのため、その苦労はよくわかっているつもりです。しかし、不可能というレベルではありません。最近は、社会人大学院で、社会人が学びやすいように環境整備がなされていますので、自分のがんばり次第でなんとでもなります。

たとえば、長期履修制度といって、通常の学生より長い時間をかけて単位をとることも認められていますし、夜間や土日でも授業は開かれます。やる前からあきらめるというほど困難なものではありません。

論文については第五章で詳しくお話ししますので、ここでは**学会活動**を説明しておきましょう。

学会とは専門家の集まりです。専門分野ごとにさまざまな学会があります。大きな大会は年に数回ですが、四六時中、さまざまな研究会などをやっています。こういうところで自分の研究成果などを発表すると立派な研究実績になります。「学会発表」と呼ばれるものです。そこでみんなが驚くような個性的な発表をすれば、専門家に認知もされます。

こういうことが積み重なっていって、最終的には強固な人脈ができあがります。これは非常に重要です。私自身は仕事をしながら論文を書くのに精いっぱいで、積極的に人脈づくりに励んだ覚えはないのですが、今から思い起こしても、「○先生と知り合い」「△先生と懇意だ」というのは非常に重要だと思います。

たしかに、コネ採用が減って公募採用は増えています。しかし、公募と言っても、あらかじめ声をかけているケースもあるでしょう。そう考えると**「声をかけられる人材」になっておく**ことはやはり重要です。

その際、優れた業績や実績があるかというのも重要ですが、「あの人なら、うちの大学にいいよね」「そういえば、○社の△君は大学教員に転職する気があるのかなぁ……」と**思い出してもらえる**のがいちばんです。そう考えると、地道な人脈形成は非常に重要です。

ただし、どんな人脈もそうですが、即座に利益につながると思ってはいけません。そう思うと、底意地が相手にばれます。人脈なんてものはある日突然生きる、その程度のものだと思いながら、地道に固めていくことが重要です。

大学教授になれる確率を大きく上げる裏技

ここまではビジネスマンから大学教授に転身するための王道のようなノウハウでした。しかし、世の中には裏道もあります。正面突破するだけではうまくいきません。

大学教授への転身も、一般企業間の転職と同様、どこを受けるかによって難易度は違ってきます。学生が殺到するグローバル企業と、若者が敬遠しがちな中小零細企業では内定難易度は天と地でしょう。大学教授への転身にも同様のことが言えます。そこをうまく利用すれば、大学教授転身への裏道はグンと広がります。

大学教授転身の場合、

①応募する分野
②大学の知名度
③大学のある場所
④新設かどうか

の四つが大きな影響を与えます。公募百連敗の私の実体験から来ているので間違いないと思います。

先ほどの三つの求人票を思い出してください。これを見ればわかりますが、**大学側は募集する分野・どういう知識や経験を持つ人を求めているか具体的に示します。この点は非常に重要です。**

企業のように新人にさまざまな仕事を経験させて育成していくのと異なって、大学が求めるのは即戦力です。次の日から教壇に立って教えて、研究もできる人です。そのため、募集分野などの中味は具体的になるのです。

①学びたい分野ではなく、実務経験の生かせる分野を選ぶ。

学問は非常に細分化されています。たとえば、経営学といってもさまざまな分野に分かれているのです。そのため、どの分野で応募するかによって結果はまったく違ったものになります。結論から言えば、ビジネスマンは実務家が有利になる分野を選ばなければいけません。

まず、**研究者層の分厚い分野は避ける**べきです。大学院の博士課程出身者がゴロゴロいるような分野では勝ち目がありません。たとえばですが、旧労働省出身者の場合には労働経済学を仕事で扱いますが、この分野は研究者の層が厚い。そのため、それほど容易に役人から学者に転じることはできません。それに対して旧厚生省の場合、社会保障を専門にする講座は少ないことから、年金などを専門に扱う官僚は重宝がられると聞きます。

次に、**自分の仕事と関連が深い分野**です。ホテルマンとして長年の経験を積んでいる人が観光分野に応募すると有利でしょう。

そういう観点で言えば、**実務家しか扱えない分野に応募する**と、非常に有利です。特に、求人票の中に「実務経験者」と明記しているところなどは狙い目です。

募集分野によっては「実務経験がある人を強く求める」ということを公募書類に書いている大学があります。何事にも控え目な大学が、ここまで書くというのはものすごく強い要望の表れです。裏読みすると、「大した論文実績なんていりません。我々が求めているのは豊富な実務経験のある人なんです」と断言しているようなものです。

これに関連して言えば、**自分の好きな分野、勉強したい分野で応募するのは必ずしも有利ではない**ことを自覚すべきです。

たとえば、私の場合ですと、米国留学中に勉強したこともあって、発展途上国の開発問題に興味を持っていました。できることなら、この分野で大学教授に転職したいと思いましたが、ある大学の先生から「開発経済や開発問題はものすごいキャリアの人がゴロゴロいる。厚生労働省の官僚が異分野の研究をしていても魅力がない。仕事に関連した分野で目指すべきではないか？」というアドバイスを受けました。

②知名度の低い大学を選ぶ。

大学の知名度は言うまでもないでしょう。著名大学の教授になりたいという人は山ほどいます。東大教授になりませんか？というオファーを断る人はそんなにいないでしょう。

つまりは競争率が高くなるということです。しかも、応募する母集団のレベルが高いとなると採用される可能性はグンと低くなります。それに対して、無名の大学の場合には応募する人が少ないですから、それだけ採用される確率は高まります。

③非都市部の大学を選ぶ。

大学のある地域も同様です。首都圏の大学に勤務したいと思う人は山ほどいます。関西圏・名古屋圏の大学も同様です。それに対して、非都市部の大学となると応募者はグンと減ると思います。具体的なデータを持っていないのでなんとも言いようがありませんが、さまざまな人からのヒアリングなどから判断して間違いありません。医者も大学教授も同様に、都市部に勤務したいというのが本音なんでしょう。

知名度・地域の二つを軸にして言えば、どうしても大学教授になりたいという場合には、**非都市部の知名度の低い大学が有利**ということになります。

一時期まではそれでも大学教授に……というビジネスマンもたくさんいました。特に、バブル経済崩壊後、中高年のリストラが声高に叫ばれたときなどはそうです。北海道拓殖銀行をはじめ、潰れないと言われてきた大企業が潰れて、多くのビジネスマンが新天地を求めて必死になっていた時期です。

それに対して、昨今は「やっぱり都会の大学がいい」「やっぱり東京の大学がいい」という少し贅沢なビジネスマンが増えているような印象があります。あくまで個人的な感想にすぎませんが、おそらく、少子高齢化によって大学を取り巻く状況も厳しいことがあると思います。

少子高齢化で大学の倒産が言われる時代です。「大学教員になってだいじょうぶか？」という不安もあるのだと思います。また、ある程度は厳しいリストラ環境に慣れてきたのかもしれません。

さらに言えば、大企業の労働条件がよすぎることもあるのでしょう。大学教授の平均給与は一千百二十二万円と高給ではありますが、一流企業の管理職クラスなら年収一千万円を軽く超える人はザラです。そういう人から見ると、年収が下がるだけでなく、勤務地が東京から離れた田舎となると、転職に二の足を踏むということになるのだと思います。

④新設の大学・学部を狙う。

最後の、新設の大学・学部かどうかという点については少し説明が必要です。これも私自身の実体験から来るものです。

通常、大学が教員を募集するのは定年退職や他の大学への転職で「空席」ができた場合です。定員二十人のところが十九人になるわけですから、一人補充しなければいけません。当然のことですが、大学のカリキュラムなどの運営方針に違いがなければ、辞める教授と同じ専門分野の教員を募集します。そうしないと翌年から授業ができなくなってしまうからです。たとえば、人事労務管理を専門にする教授が辞めてしまったにもかかわらず、政治学の教員を採用してしまうと、人事労務管理関連の授業を誰が受け持つのか、混乱が生じます。

また、**空席は通常一人というのが一般的**です。たまたま定年退職する人が複数いたということもありますが、一般的には一人です。

大学教授ははっきり言って「おいしい職業」です。なってしまえば楽だと世間には思われているかもしれませんが、なるまでの苦労は半端ではありません。大学院を卒業した後、不安定な非常勤講師などをしながら耐えなければいけません。そんな苦労を考えると、簡単に辞める人はいません。

さらに、リストラされるという事例もほとんどありません。セクハラ・アカハラなどの不祥事でクビになる大学教員は稀にいますが、経営状況が悪くなってクビになったとか、研究実績や教育実績が悪くてクビになったという事例などまず聞きません。定員割れが続いて学生募集が中止になり、やがて倒産することが視野に入っているということであれば、逃げるように辞めていくかもしれませんが、こういう事例は今のところさほどありません。

辞めないからこそ「若い研究者に職が回らない」と問題になっているわけです。いったん採用されると六十五歳まで辞めないとなると、大学院の博士後期課程を出たばかりの若手にはポストが回ってきません。実際、大学教員の労働市場の流動性の低さは有名です。

さて、一人しか募集されないとなると、どういうことが起きるでしょうか？

私の経験では一人だけの募集となると競争率が高くなることは言うまでもなく、大学側としても採用で失敗したくないという思いが強くなるため、経歴や研究実績に非常に保守的になると考えられます。繰り返しになりますが、いったん正教員として採用された人はまずクビになりませんので、なおさら採用には慎重になるわけです。

「人事労務管理」という分野で募集する場合、この分野で博士号を取得して論文を多数書いているというような「王道の研究者」を採用したくなるわけです。経営全般を専門にしていたり、経営の実務経験があるという人よりは「王道の研究者」というほうに傾くと思います。それゆえに一名募集の分野では、個性がセールスポイントの実務家などは不利になるわけです。

また、リアルな話をすると、コネという悪いニュアンスではなく、少しでも優秀な人材を採用したいという思いから、関連の学会関係者などに対して「誰か良い人材はいませんか」と打診するなど、一本釣りの採用になる可能性も高まると思います。表面上は公募であったとしても、実際には出来レースというのもよく聞くパターンです。

それに対して、大学自体を新設したり、学部を新設するという場合は異なります。この場合、一度に多様な分野で多くの教員を揃えなければいけません。そのため、募集分野も多様化しますし、募集人員も多くなります。その結果、一人採用とはまったく逆の原理が働きやすくなります。

大学にもよるのでしょうが、**十名以上採用する場合には採用行動が大胆になります。**保守的ではなく挑戦的になるのです。多様性重視で「こういう実務家が一人くらいいてもいいかなぁ」という発想になるわけです。この点は企業も同じでしょう。多様な人材を揃えることが組織の強みになるので、エリートだけでなく、ユニークな人材を採用しようとします。

また、十名以上採用するとなるとコネがきかなくなります。私の見聞したところでは、十名以上の大学教員を揃えるのは、どれだけ学会に影響力を持つ人でも非常に難しいということです。そのため必然的に公募のガチンコ勝負とならざるを得ないのです。一本釣りの場合にはどうしようもありませんが、ガチンコ勝負となると実務家にも可能性が出てきます。

ちなみに、私の場合も書類審査を通過して面接まで呼ばれた大学のいくつかは「新設」でした。そんなこともあって、ビジネスマンなどの実務家から大学教員に転職したいという人に対しては**「新設が狙い目ですよ」**とアドバイスすることにしています。

3 一気にハードルが下がる客員教授と特任教授になる方法

客員教授なら、あなたも今すぐ教授になれるかも？

これまで正規の大学教員の採用やそのプロセスを解説してきましたが、非正規である客員教授や特任教授になるためのプロセスは、これとはまったく異なります。客員教授や特任教授とは具体的にどういう仕事をするのか、何を期待されるのかは大学によって異なりますので一概には言えませんが、採用プロセスはそれほど違わないと思います。その特徴をひとことで言うと、**それほど重くない**ということに尽きます。どこか他人事なのです。

理由は単純です。あくまで正規の教員ではないので、**ポストの増減とは関係ないから**です。どこの企業でも課長ポストが一つ増えるか減るかとなると必死ですが、顧問に誰がなるのかなど関心がないでしょう。

ただし、「誰を客員教授にするか」「誰を特任教授にするか」については教授会などの了承を得る必要はあると思います。Aという教授が「テレビに出ているタレントの○さんを客員教授にしよう」と大学事務局に頼めば、自動的にタレントの○さんが客員教授になるというほど単純な大学はおそらくない……と思います。

また、どこの大学でも「格付け」というものにこだわりますので、やはり教授会などの了承を得るのが一般的だと思います。ある評論家を客員教授にしようとするとき、その人の実績や年齢などから「○さんは教授相当だろう」とか「いや、○さんはまだ若いし経験年数も少ないので准教授だろう」というように、さまざまな要素から格付けを行うのです。理由は単純で、教授相当か准教授相当かで謝金などが異なってくるからです。

それでは客員教授や特任教授はどうやって決まるのかというと、大学によって規定が異なりますので、必ずしも共通像があるとは言えません。そのため、これはあくまで私の独断と偏見という前提つきですが、次のようなものではないでしょうか。

まず、**定年退職した元正規教授**です。定年後、こういう人は学内業務をせず授業だけを受け持つことが多々あります。あるいは、何か特別な仕事を専門的に請け負うようなケースもあるでしょう。

二つ目は、**企業などのお金で成り立つ寄附講座の教員**です。寄付講座はあくまで企業のお金で成立している講座ですので、お金を出す側が人事権にも大きな影響を及ぼすことがあります（もちろん、ケースバイケースだと思いますが）。

三つ目は、**ビジネスなどの実務で顕著な実績を上げている**ケースです。経営層などポジションの高い人、ビジネス誌のインタビューなどに頻繁に登場するような人です。ビジネスの実績を上げる一方で、理論的なことも話せるような人は鉄板でしょう。

四つ目も、**ビジネスなどの実務で実績を上げている**ケースですが、三つ目ほど顕著な実績ではなく、あくまで知る人ぞ知るというレベルではあるものの、大学教員や学会のつながりがあったりするなど、大学側と関係があるようなケースです。

こういう場合、知り合いの教授が「○さんは実績のある人ですから、ぜひ客員教授にしましょう」とか言いながら、教授会に根回しをするのではないかと思われます。

五つ目は、**マスコミで活躍するタレントや評論家**などです。こういう人は大学にとっては**貴重な広告塔**になります。そのため、著名人を客員教授などにするパターンは非常に多いと思います。現実問題として著名人が客員教授になると新聞やテレビで報道されたりしますので、それだけでも大学にとっては価値があることだと思います。

これら五つ以外にもさまざまなケースがあるのでしょうが、私の見聞と経験の限りでは、「○さんを客員教授にしよう」と、**積極的に働きかける人の存在が不可欠**だと思います。教授でも大学事務局でもいいのですが、誰か言い出しっぺがいると、客員教授や特任教授になりやすいのではないかと思います。

なぜなら、定員に関係のない人事なので、多くの大学教員は無関心で受け身だからです。誰かが「○さんを客員教授にしよう」と提案すると、よほどのことがない限り、強硬に反対する理由はそれほどないのでしょう。

「客員教授」と名刺に刷ると、どういう効果があるか？

ところで、「客員教授」「特任教授」にはどういうメリットがあるのでしょうか？

まず、**副収入が増えます**。

客員教授の給料は千差万別です。私が聞いたところでは著名人などはものすごい額です。月に一回の授業で年間数百万円から一千万円というレベルです。一方、ボランティアで授業を受け持つというケースは少ないと思います。あり得るとすると公務員くらいでしょう。

二つ目は、**研究室などのオフィスが持てる**ことです。

これも千差万別ですが、個室を与えられる人もいれば、何人かとシェアする研究室を与えられる人もいるようです。いずれにしろ、落ち着いたスペースを与えられるので仕事もはかどります。おそらくですが、授業に来る日しか使ってはいけない、というような規則はないと思います。

三つ目は、何よりも**刺激を得られる**ことです。

若者に囲まれているだけで不思議と活力が湧いてきます。眠っている学生はいるかもしれませんが、熱心に聞いてくれる学生も必ずいます。

四つ目は、**社会貢献できる**ことです。

著名人の中には不釣り合いに安い謝金で引き受けている事例もあると聞きます。たとえば一時間百万円の講演料をとる著名人が、大学ならば月一回九十分の講義をわずか数万円で行うというのはそうです。ただし、この著名人はおそらく大満足しているはずです。なぜなら自分の経験を若者に伝えることができるからです。

若者が熱心に話を聞いてくれる。こういう機会はそれほどありません。しかも、年齢を重ねれば重ねるほど、ふつうのビジネスマンであれば、話を聞いてくれる人は減っていきます。そんなこともあるので、綺麗なオネエサンが座っているクラブやラウンジやスナックに出入りして、水割り数杯で数万円を支払って、話を聞いてもらうわけです。これが、客員教授となれば、若い男女が目を輝かせて聞いてくれるわけですから、それは有り難いものです（恐ろしいほど爆睡している学生も当然いますが……）。

五つ目は、**社会的地位や信用が格段に上がる**ことです。

「今や大学の権威なんて……」「今や医者の権威なんて……」と白けた顔で語る人がいますが、それははたして本当でしょうか？

大衆民主主義がものすごい勢いで進んでいるため、世の中のあらゆる権威が融解しつつあるのは事実だと思います。特定の職業だけを優遇するとか、敬意を払うといった態度は今の日本では乏しくなりつつあります。

その一方で、依然として職業別の権威は保たれていると実感するときもあります。テレビなどのマスコミ報道に合わせて「官僚はけしからん」「裁判官はけしからん」「医者はとんでもない」とか言いながら、現実にかれらを前にすると、なぜだか態度が豹変する人が多いからです。

大衆民主主義社会はマスコミが煽っている部分が相当あって、現実には「その職に就くまでに重ねられた努力」「職業としての実績」にはまだまだ敬意が払われていて、知的な職業の権威はかろうじて維持されているのです。

下世話な話かもしれませんが、名刺に「客員教授」「特任教授」と刷られていれば、それだけで信用が一気に高まり、ビジネスなどの商談がうまくいくこともあるでしょう。日本ではどこの組織に属しているかが重要で、一流企業や官公庁の信用が最も高いと思いますが、客員教授の肩書きはそれに劣らず力を持つと思います。

現に、客員教授をやっている人は、おそらく十人中九人までが、名刺に客員教授と入れていると思います。日本中の誰もが知っているような著名人の場合、わざわざ名刺にそんなことを刷らないでしょうが、そうでなければ入れるのがふつうです。

図表2 職名別教員数（平成24年度）

区分			学長	副学長	教授	准教授	講師	助教	助手
計	計	177,570	746	999	68,982	42,119	20,017	38,940	5,767
	男	139,850	681	927	59,727	33,113	14,118	28,685	2,599
	女	37,720	65	72	9,255	9,006	5,899	10,255	3,168
国立	計	62,825	86	338	21,727	17,948	4,767	17,325	634
	男	54,012	83	327	19,990	15,420	3,873	14,044	275
	女	8,813	3	11	1,737	2,528	894	3,281	359
公立	計	12,876	82	85	4,477	3,569	1,664	2,656	343
	男	9,413	72	78	3,662	2,628	1,063	1,794	116
	女	3,463	10	7	815	941	601	862	227
私立	計	101,869	578	576	42,778	20,602	13,586	18,959	4,790
	男	76,425	526	522	36,075	15,065	9,182	12,847	2,208
	女	25,444	52	54	6,703	5,537	4,404	6,112	2,582

資料出所：文部科学省「学校基本調査」平成24年度

図表3 客員教授数（多摩美術大学）

	美術学部	造形表現学部	合計
教授	84	21	105
准教授	17	7	24
講師	4	1	5
客員教授			62
非常勤講師			338

資料出所：多摩美術大学公表資料（http:/www.tamabi.ac.jp/prof/disclosure/org.faculty.htm）をもとに筆者が表にした。

＊＊＊

さて、正規大学教授、非正規の客員教授などの採用プロセスを長々と話してきましたが、以下の章では、これらの職に就くためのノウハウを示していこうと思います。

今や社会人大学教員がものすごく増えていますので、ビジネスマンから大学教授への転身は絵空事でも何でもありません。本書でお示しするノウハウを実践すれば、グッと実現に近づきます。

その第一歩は、**個人の名前で「書き物」を発表する**ことです。論文・報告書・エッセイ何でもいいですから発表することです。**大学業界ではとにかく"Publish"がすべてです。**

繰り返しますが、

大学教員の採用は「書類審査」の世界です。

基本的に書類に書けるような個人の実績が鍵を握ります。

このことを強く意識してください。**書類に書くことのできる業績は個人単位です。**

ビジネスマンや役人の中には「あの有名なプロジェクトに関わった」ということを自慢げに話す人がいますが、これは書類審査には馴染みません。なぜなら、集団単位の仕事だからです。

実務の実績を強調したいのであれば、それはあくまで誰もが知るほどのレベルでなければいけません。また、仮にそのプロジェクトに責任者として関わったのであれば実務の実績となりますが、通常、責任者というと、五十歳を優に超えた役員クラスを指すのが一般的です。チームの一員として関わった程度では、書類に書ける実績にはなりません。

個人名での書き物を実績にするという、大学側の態度に腹を立てるビジネスマンがたまにいます。「仕事の成果を書き残すなんて、わざわざ誰がやるんだ?」というボヤキを聞いたことは二度三度ではありません。しかし、大学側には大学側の事情や理由があります。評価の基準が違うのです。

また、こういう投げやりな態度は最終的に損をすることがあります。誰が見ても申し分ない実績なのに、個人名で公表した書き物が一つもない、という理由で大学に採用されない話を聞いたこともあるからです。書き物の実績がないと、どれだけ実力のあるビジネスマンだったとしても、大学側や教授会としては判断しようがないのです。

以上を考慮に入れて、できれば**論文を個人名で発表**してください。

論文というだけで顔をしかめる人がいますが、基本的にビジネスの現場で書く企画書や報告書と変わりはありません。私自身、役人から大学教員に転職する過程で同じことを思いました。

そこで、次の第三章では「論文とは何か」を含めて、公表される論文や書籍にはどういうものがあるのか、どうやって公表するのかを私自身の経験を中心に、幅広い角度から紹介します。

論文の書き方については、第五章に載せました。ただし、「どう書くか」といったノウハウではありません。この種の書籍は巷にあふれていますので、本書では社会人に絞ったノウハウを示します。時間のとれない人が、どういう能力を有効活用して論文を仕上げるのか、それを解説したいと思います。

論文はおもに、正規の大学教員をめざすためのノウハウです。客員教授や特任教授を狙う場合は、論文は不可欠ではありません。それよりも、ビジネスマンとしての実績、それを基盤にした知名度が非常に重要です。**「あーあの人、名前は聞いたことがある」と思われるような人になる**ことが近道です。

そこで、第四章では、有名人になるためのノウハウを示したいと思います。

具体的には、テレビ・新聞・雑誌・ネットなどマスコミに出るのが最短距離ですが、いったい全体、どうすればマスコミに出られるのでしょうか？　私自身、全国区の有名人ではないのですが、関西でいくつかのテレビ番組のコメンテーターをしていますので、その経験からマスコミに自分を売り込む方法のようなものを解説します。

実際、テレビでごいっしょするタレント、ビジネスで実績を上げている著名ビジネスマンを見ていると、有名人になるのにも、やはりノウハウが存在すると実感します。やみくもな努力より的を絞った行動が重要です。

しかしながら、個人として目立ってしまうことは、組織人としては不利になることが少なくありません。大学教授に転身するようなビジネスマンの多くは、個人として論文やビジネス書を書いたり、プロジェクトを引っ張ったりと目立つことが一般的です。その一方で、目立てば目立つほど組織から疎まれることも多々あります。「あいつ一人だけ目立ちやがって」「あいつはいつか会社を辞めるつもりだろう」といった嫉妬ややっかみで悩まされます（実は、私のところにもこういう相談が多々きます）。

本当に辞めるつもりならともかく、あくまでも副業として、客員教授や特任教授の肩書きを持とうとする場合は、元も子もありません。

そこで、最後の第六章では「個人として目立ちながら組織人としてうまくやっていくノウハウ」を示したいと思います。私自身の経験を踏まえて、組織人としてうまくやりながら、個人実績をサクサクと上げるためのノウハウです。

というわけで、これから、大学教授になるノウハウの、いわば実践編を始めます。いずれも、私自身の実体験に基づくものだけにリアルで、本当に実践的だと思います。

本書四、五ページの空白部分の解答です。大学教授がどれかは本文中にありますが、それ以外の空白部分についてもお教えしましょう。

4番＝航空機操縦士
5番＝大学准教授
9番＝弁護士
11番＝記者
12番＝大学講師
14番＝高等学校教員
16番＝一級建築士
18番＝発電・変電工

第3章

正規の大学教授を目指す人は、学会誌への査読論文の寄稿を目指す

この章では、おもにビジネスマンが正規の大学教授になるために欠かせない、論文や書籍を公表するノウハウをお話しします。

本書をお読みの方なら、「自分の本を出してみたい」「自分の考えを世に問うてみたい」という思いを一度はいだいたことがあるはずです。では、どうすれば自分の論文や書籍を出版できるのか？それを解説したいと思います。

ビジネスマンの報告書・企画書と、大学教授の論文、どこが同じで、どこが違うか？

まず、「論文」というものから説明したいと思います。あらかじめ結論を言いますと、表現が違うだけで、**論文とビジネスで書く企画書や報告書は基本的に同じ**です。報告書や企画書を書くことに苦労しないのであれば、論文を書くことにも大して苦労はしません。

ただ、読者から見放されてしまいそうな「論文」という表現をあえて使うのは、大学業界では論文を書けるかどうかがすべてだからです。もし論文を書けないというのであれば、大学業界で生きていくのは不可能だと思います。

大学業界どころか、基本的に知的な職業では「書くのが嫌い」は致命傷だと、私は思っています。話すことは瞬間芸とセンスでなんとかなりますが、書くという行為は何かと知性の裏付けがないとできないからです。

そんなこともあって、この章では、まず、論文とは何か（ビジネスマンがふだん書いている報告書と何が異なるのか）について、現実的に解説してみようと思います。

論文と、ビジネスの現場で書く報告書やレポートとの違いは、控え目かどうかという点に尽きるような気がします。

まず、オフィスで書く報告書は事実と分析で成り立っているのが一般的です。

「我が社の経常利益は○○億円で前年度比三十％増である。その一方で、近年の世界経済は動きが激しく、為替レートを見ると円高傾向に歯止めがかからず……」というように、客観的事実を中心に抑制的に書かれるのが一般的です（この点で、企画書と報告書は違うと思います。企画書は担当者の思い込みや熱意を基盤にしたものであって、客観性だけで勝負するものではないからです）。

これに対して、「論文」というものはもっと主観的です。ここでは簡潔にわかりやすく、論文には三種類あるとして説明してみようと思います。

①自分の主義主張を前面に押し出すオピニオン論文

客観的な記述というよりは「日本は海洋立国を目指すべきだ」「日本は憲法を改正するべきだ」というように「べきだ論」を展開します。『文藝春秋』『中央公論』『世界』などの総合誌に書かれている著名な学者や評論家の論文が典型例です。

この種の論文は読者を惹きつけるのがおもな役割ですから、無味乾燥な事実ばかりを並べても面白くもありません。

②紹介論文

「○県総合計画について」「地域活性化のスキームについて」など、役所でも民間でも、自分たちの仕事や取り組みを紹介したりすることが多々ありますが、こうした論文のことです。私は元役人ですので、こういう論文を書く人をたくさん見てきました。経験から言いますと、出版社から依頼されて書くというケースが多いようです。特に、マスコミから注目されるような制度や取り組みについては、この種の原稿依頼が多いようです。

この種の論文はビジネスマンや役人というよりも、税理士や公認会計士、ファイナンシャルプランナーといった人がよく書いているかもしれません。「○税制についての解説」「国債の利回りについて」といった文章はネットでもよく見られます。

③学術論文

自分の主義主張を展開するというよりは、**自分の仮説を提示して実証する**というスタイルで書かれるものが大半です。

「企業のイノベーションは自前の研究所を持つことと深い関連がある」という仮説を立てて、さまざまなデータや証言などを引っ張ってきて、イノベーションと自前の研究所の関連を実証していく。これが学術論文です。

以上の三つが論文の主流ですが、それ以外にもさまざまな論文があります。二つ紹介しようと思います。

まず、**懸賞論文**です。雑誌や新聞がときどき、「高齢化社会に向けた懸賞論文を募集します」といった記事を掲載しているのを見たことはありませんか？　文字どおり、入賞すれば表彰されて、懸賞がもらえるような論文です。小説の世界なんかはまさにそうですね。懸賞論文なんてとバカにする学者がいますが、一般受けしますので相応の影響力があります。私自身、それほどメジャーでもない懸賞論文を受賞した経験がありますが、その論文を読んでいる人が結構いて驚いたものです。

また、懸賞論文でも学術的価値の高そうなものもあるし、受賞者がバリバリの大学教員という懸賞論文もあります。**有名な新聞社が主催しているものでしたら、その価値は相当に高い**でしょう。さらに、新聞社が主催している懸賞論文に当選すると、新聞紙面に名前が掲載されたりします。

その他にも、懸賞論文にはいくつかのメリットがありますが、当選する賞によっては論壇へのデビューの道が開けるのが大きなメリットでしょう。無名のビジネスマンだった人がある日突然、日本の行方を大きく左右するオピニオンリーダーに変身する可能性もあるということです。

二つ目は**社内報に掲載される論文**です。社内報なら気楽に出せます。かといって、「どうせ、社内報だから……」と卑下する必要はありません。社内報であっても、公に出版されているものであれば、立派な実績となります。昨今の社内報は、従来の社内だけの回覧を目的とした簡易印刷のものではなく、社外にも配布されたりするものが結構あります。

社内においても、気楽に書いた「マーケティングに関する提言」がマーケティング部の責任者の目にとまり、その部署にスカウトされるということもあるかもしれません。その意味では、社内報でもバカにせず責任感を持って書く必要があります。

私が役所にいたころは、シンクタンクやメーカーなど民間企業の社内報のような雑誌が時折、省内で回覧されていました。それらの論文をすべて読み込んだと言えば嘘になりますが、たまには食い入って読むほど面白いものがありました。社内広報誌といってバカにしてはいけません。

ビジネスマンから大学教授になるために書くべき論文とは？

それでは、これらの中で最も価値が高い論文はどれでしょうか？

大学教員に転身したいのであれば、ずばり、**学会誌に掲載される論文＝学術論文**です。

理由は単純です。業界誌などに掲載される論文に比較して専門性が高いと見なされるためです。学会が学者など専門家の集まりであることは説明しました。学会は研究会などを開催すると同時に、雑誌を発行しています。それが学会誌です。年間に数度発行する学会もあれば、一度しか発行しないところもあります。

学会誌にはさまざまな目的がありますが、大きな目的の一つは研究者の論文を掲載することです。ビジネスマンで学会誌に論文を投稿している人はおそらく稀だと思います。まして、ビジネスマンで学会誌に掲載するような論文を何本も実績として持っているという人はほとんどいないでしょう。

少ない理由はいろいろあります。

学会誌の存在がビジネスマンに知られていないことが、いちばんの大きな要因です。学会は自らの存在を宣伝するわけではありませんので、知らないのは当然です。

第二に、学会誌の場合、論文を投稿できる資格自体を限定していることです。通常、学会員だけが投稿資格を持っています。つまり、学会誌の場合には「書く人」も「読者」も限定された狭い世界の話なのです。狭い世界の話なだけに一般のビジネスマンが知らないのは当然です。それゆえに、知名度という点では、学会誌に掲載される論文に大きなアドバンテージはありません。

それにもかかわらず、多くの人が「学会誌に掲載された論文」というだけで妙な尊敬を払います。私自身の経験に照らしても、それは言えます。私は業界誌や学会誌などに幅広く論文を発表してきましたが、やはり学会誌に掲載された論文のインパクトが最も強いようでした。「学会は特定分野の研究の知の集まり」であり、そこで認められた論文はやはりすごい論文という判断をする人が多いようです。

これは世の中の大半の人は「学会」という権威に弱いということもあるでしょうが、**学会誌に掲載された論文の専門性を保証する制度があることも大きな要因です。それが「レフリー制度」です。**

大半の学会では、投稿論文をすべて無条件に学会誌に掲載するわけではありません。投稿された論文をレフリー（論文を読んで審査する人）が審査したうえで、掲載するか否かを決定するのです。そのため、掲載されている論文は「レフリーの審査を通過した」論文（このような論文は「査読論文」「レフリー付論文」と呼ばれる）ということになり、「一定の品質」を保証されたものと見なされるわけです。

大学教員として採用されるかどうかを大きく左右するのが、この査読論文です。研究業績を書く際にも、査読つきか否かを区別して書くのが一般的です。

実は、どの世界よりもはっきりしている

大学教授の人事評価と成果主義

査読論文はなぜ価値があるのか？　それは研究者としての能力の証だからです。実際問題として、大学教授の人事評価ははっきりしています。おそらくどこの大学でも程度差こそあれ、人事評価を実施していると思いますが、それは評価の基準がはっきりしているからです。ビジネスマンと違って大学教員は個人で働きますので、その分だけ、人事評価もはっきりするわけです。

教育実績・研究実績・社会貢献の三つが教員の人事評価の基本です。それぞれ三つの分野において指標化できる評価基準もたくさんありますが、中心となるのは研究実績です。

研究実績は文系と理系で多少の違いはあると思います。論文がおもな指標であることは共通していますが、理系の場合には、特許とかソフトの制作とかといったものも研究実績になるのに対し、文系の場合には、特許やソフトに関わる教員は稀でしょう。

また、研究費についても違いがあると思います。理系の場合には、iPS細胞やニュートリノなどノーベル賞受賞対象研究の例を見ればわかるように、多額の研究費が必要です。そのため、**外部からどれだけ研究資金を獲得できたか**で評価されます。

それに対して文系の場合、多額の資金を使うフィールドワークなど稀ですから、そこまで研究費の獲得は重視されません。私は文理融合の大学院に所属していますので、この違いはなんとなく実感できます。

このような違いがあるにせよ、どの分野であれ、**大学教員は査読論文をどれだけ書いたかで評価される、**ということは共通しています。大学教員として採用されるときも、講師や准教授から教授に昇進するときにも、「査読論文が何本あるか？」というのが大きなポイントです。

大学教員と言えば楽な職業で……と思われているかもしれません。たしかに、いったん地位を得てしまえばクビになることは滅多にありませんので、楽な商売です。しかし、仕事をする気があるのであれば、これだけはっきり成果を問われる職業もありません。

そして、それが最も激しいのは理系です。なぜなら、あくまでも日本語使用を前提とする文系の研究（例外研究者もいます）に対し、理系の研究はグローバルで客観性が高いものだからです。社会科学のように「〇〇であるべきだ」の世界ではなく、さまざまなデータから「〇〇である」という言い切りの世界だからです。客観的な事実の発見を大前提として、英語と数学（統計学）の二つを軸にして構成されていますので、世界中のあらゆる場所で同じ研究をしている人がいて、日々、激しく研究成果を競い合う世界と言えます。

さて、大学教員は、査読論文をどれだけ書いたかで評価される、と書きましたが、より正確に言えば、ただ数が多ければいいというものではなく、質も問われます。どのように問われるかというと、**インパクトファクターと引用回数です。**

インパクトファクターとは、**学会誌の「格付け」**のことです。その学会誌の影響度を格付けしたものです。同じ査読論文でも「〇学会誌」は10点、「△学会誌」は7点と格付けが決まっているのです。

たとえば、Nature、Scienceという学術誌に掲載されている論文と、誰も知らないような無名の学会誌に掲載されているものでは、同じ論文といってもレベルが違うということです。理系の場合には特に、このように学術誌の格付けが明確です。

次に、**引用回数**というのは、その論文が何回引用されたかという基準です。たとえば、私が書いた「日本の情報政策」という論文が、さまざまな人の論文・書籍で参考文献として引用されているとしましょう。この場合、この論文は非常に価値が高いという評価になるわけです。

昨今ではノーベル賞の季節が近づくたびに、「日本の○教授の論文の引用回数が……」という報道を耳にするようになりました。ひとことで言えば、引用されるということは、それだけ基盤となっている研究だという証なのです。

まずは最も掲載されやすい業界誌へ論文を発表することを目指す

それでは、ビジネスマンから大学教授に転身するためには、先に挙げたオピニオン論文、紹介論文、学術論文の三つの論文のうち、どの論文を書くべきなのでしょうか？

先ほどお話ししましたように、大学教員に転身したいのであれば学術論文を書くべきです。しかし、いきなり学術論文を書くのはハードです。ハードルを徐々に上げていくのがよいという意味では、まず、**業界誌に自分の仕事に絡めた論文を発表する、**ということを目標にするとよいでしょう。

「製造業と為替レート」「外国でのビジネススキル」とか何でもいいのです。自分の仕事と関連した業界誌に、仕事で体得したようなことを発表するのです。何度か発表するうちに、同じ仕事をしている業界関係者などの目にとまって「ぜひ、○○について教えてほしい」ということになるなど、着実に名前は売れていくと思います。

そうやって業界誌に論文を発表することに慣れてきてから、学会誌などにチャレンジするとよいでしょう。

学術論文の場合には、引用・脚注など細かなルールがありますし、先ほどお話ししたように「査読制度」があるため、掲載のハードルは俄然高くなります。

こうした点からも、業界誌に論文を発表して実力を培ってから、学術論文を書くようにすればいいと思います。

業界誌の探し方はいたって簡単です。まず、自分の仕事に密接に関連する雑誌から探していきます。その後は自分の仕事との関連度の低いものを含めて、どんどんと範囲を広げて探していくようにします。業界誌は必ず職場で何冊か回覧されていたりするはずです。たとえば、私の場合は新潟県庁の情報政策課長（ＩＴと密接に関連した政策を企画立案するのが職務）だったので、まず「ＩＴ政策関連」の業界誌を探しました。次に、政策に関連しないものでも「ＩＴ全般に関連した業界誌」を探します。あるいは、地方自治体のＩＴ政策がおもな担当業務であるため、「地方自治」に関連した雑誌を探すといった要領で業界誌を探していきました。こうやって範囲を広げていくと、驚くくらいにたくさんの雑誌が見つかったのを覚えています。

業界誌を探し当てたら、今度はその雑誌にどうやって論文を掲載してもらうかです。いくら業界誌といえども、素人の論文をすべて掲載してくれるとは限りません。学会誌のように査読制度はありませんが、そうかといって無条件に誰の論文でも掲載してくれるというわけではないからです。

業界誌の対応は大まかに言うと、三つに分かれます。

まず、**「投稿論文をお待ちしています」とはっきり書いてある雑誌**で、この場合、その雑誌が提示する執筆要領に従って論文を投稿すればいいと思います。投稿した後は可否を待つだけです。

二つ目は、**「一般読者からの投稿論文は受け付けません」という雑誌**です。このような雑誌の場合には、一般読者からの投稿論文はまず受け付けません。有名な大学教授や評論家の論文だけしか掲載しないような雑誌です。「投稿論文は受け付けられないのですか？」と試しに聞いてみてもいいですが、おそらく受け付けてもらえないでしょう。

最後は、**一般読者からの投稿論文について、なんら触れていない雑誌**です。大半の業界誌はこれに当てはまります。この場合、出版元に電話して直接聞いてみるに限ります。私もいくつか試してみたことがあります。

むげに断ってくるところもあれば、「内容によります」という、やや積極的な返事をくれるところもあります。最初はなかなか慣れませんが、めげずに粘り強く聞くことが重要です。

素人ビジネスマンが新書で一発当てる可能性は宝くじなみか？

これまで論文の公表について説明してきましたが、ここで書籍についてお話ししたいと思います。理系の場合には論文が主流ですが、**文系の場合には、論文と同様に書籍も人事評価の基準に含まれ、**優れた書籍は論文と同様に評価されます。

実際、「優れた書籍を書けば、ビジネスマンから一発で大学教員に転身できる」という話もあります。論文と言われるとハードルが高いが、書籍を出すということならなんとかできる、と考える人もいるでしょう。

実際、私自身、そういう期待を持って、役人時代には身銭をきって本を出した経験もあります。「あなたの原稿を本にしませんか？」という新聞広告をときどき見るくらいですから、世の中には、大学教員への転職を目的としているかどうかは別にして、自分の本を出版したいと思っている人はたくさんいるんだと思います。私も、「もしかしたら……」という思いでワクワクしながら書いたものでした。

しかし、本一冊で人生を変えるという考え方は非常に甘いと思います。

もちろん成功する可能性もあるし、現実に成功している人もいますが、私としてはあまりお勧めしません。結論から言えば、出版はそれほど簡単なものではないからです。

それは、次の三つの理由からです。

①**「書くという機会」はそれほど簡単には得られません。**私自身、原稿を何度も出版社に売り込んだことがありますが、ものすごいハードルの高さでした。社交辞令程度に「検討します」という返答はありますが、通常、無視されます。

出版社は基本的に売り込みの世界ではないからです。もちろん、売り込みが不可能というわけではありませんが、出版社なり編集者なりが「この人に書いてもらおう」と思って、その人にオファーを出すのが基本構造だからです。オファーを出す相手は、著名人のこともあれば、学会で名前が確立された人のこともあります。

唯一例外があるとすると、出版社となんらかのコネクションを持っている人、有力者に出版社を紹介してもらうなどのケースがありますが、それがなければ飛び込みの売り込みはボツになるのがふつうです。

②よほど書き慣れていない限り、**一冊の書籍を書き上げることは難しい**からです。しかも、書籍は無数の人の目に触れますので、みっともない文章もすべて残ります。そのため、じっくりと経験を積んでから書くのがベターです。

③大学教員に転職するための手段として本を書くというのであれば、それは学術書である必要があることです。通常、**学者として評価される書籍というのは、難解な言葉で書かれた専門書のことです。**値段は数千円で重厚な仕上がりの本です。こういう本は、中味は言うまでもなく、脚注・参考文献の表示など形式も非常に難解です。論文を書き慣れていないと書けるものではありません。論文の延長線上にあるのが学術書です。

通常、博士号をとったポスドクの大学院生などは、博士論文を書いた後、その書籍化を目指します。博士論文は大著であることが一般的です。それだけで価値があるのですが、書籍化することでさらに価値を上げるのです。こういう書籍は学術書として高く評価されます。

ビジネスマンの中には、新書やビジネス書を実績と考えている人もいますが、**学者の世界では新書やビジネス書は大きな実績にはなりません。**

しかしながら、**新書やビジネス書がベストセラーになれば、話は変わってきます。**少子高齢化・デフレ・ＩＴなどの分野で世間に強烈なインパクトを与えるオピニオンを出せば、「ぜひ、うちの大学で」ということになる可能性が高まるとは思います。

また、学術書と違って新書やビジネス書は広く読まれますから、影響力が大きいのも事実です。昨今は大学でも分厚い学術書は読まれなくなり、授業用の参考文献でさえお手軽な新書ということが多くなりました。超一流大学の文系の先生が「最近の学生は新書でないと読みませんから……」と嘆いておられるのを聞いたことがあります。分量もさることながら値段の高さもあるようです。

というわけで、素人ビジネスマンが一般向けのビジネス書や新書一冊で、ものすごいベストセラーを出し、大学教授（客員教授や特任教授）のポストを手に入れることは、まったく不可能ではありません。ただ、その確率は、毎月出る新刊が数千点*（毎年ではありません、毎月です）に及ぶことを思えば、ほとんど宝くじなみの確率だと言えます。

大学教授の世界では、ブログの文章は評価されない

論文や書籍は少しハードルが高いという人の中には「ネットで自分の考えを公表する」という人もいるかもしれません。これからのＩＴ時代を考えると、ツイッターやブログで自分の考えを表明するというのは有効な方法でしょう。

また、アルファブロガーという存在でもわかるように、ネットで意見を発表することで有名になり、一気に著名人になるという可能性もあるでしょう。実際問題として、日本の大手マスコミなどはネット時代を過剰に意識しているところがあって、ネットで流行っているもの、影響力のあるものを過剰に取り入れようという姿勢が濃厚です。

ただし、ネットで論文やオピニオンを発表することによって有名になるという作戦も、

それほど容易ではありません。マスコミ関係者の目にとまるためには、多くのアクセスという実証がいりますが、そのために払う努力は半端なものではないからです。

ビジネスマンとして働きながら、その傍らでブログを一週間に一回更新する程度では無理です。ツイッターを含めてものすごくこまめに文章を発表し、アクセスを得るための努力を払わなければいけません。冷静に考えると、働きながらアルファブロガーになるというのは、ものすごく難しいことがわかります。

また、大学教員に転身するという点で言えば、ネット上の文章が実績になるとは思えません。昨今、ネットで発表されている文章をそのまま使っていて、盗用や著作権の侵害にあたる……という事件が時折起こります。その意味ではネット上で公表されている文章の地位がものすごく上がっているのは実感します。それだけ参考にしている人が多い証です。

＊　二〇一二年の年間新刊点数は、七万八千三百四十九点（二〇一三年出版指標年報一四六ページから一四七ページより）。なお、ここで言う新刊点数は、日本書籍出版協会に登録されている新刊書籍の点数をさす。

ただし、**ブログで公表している文章は、書き物としての実績になるというレベルにはない**と思います。国立国会図書館に登録されているわけでもないでしょう。

私の見聞の限りという前提はつきますが、大学教員の研究実績としてブログなどネット上で公表している文章を挙げている人は見たことがありません。

結論から言えば、少なくとも、大学教員に転職するという観点からは、ブログなどで公表している文章は大きな加点にはならないでしょう。

もちろん、ブログで著名になり、それが本の出版などにつながるという点からは、ものすごくプラスの効果が大きいとは思います。

また、ＩＴ化の影響自体はものすごくポジティブなものです。これまでは、一部の限られた知識人しか書籍や論文という形で意見を表明できなかったのが、今や誰でも意見を公表できますし、それを通じて一夜で論壇のシンデレラ（ボーイ）になれる可能性があるからです。この機会自体は非常に重要であることは言うまでもありません。

まとめるとこうなります。

ＩＴ化の影響は絶大です。そのため、ブログやツイッターからマスコミの寵児になる、という可能性は俄然高まっています。

しかし、ブログから大学教員という路線はまだまだだということです。

最後に、ブログやツイッターによるオピニオン公表については注意しなければいけないこともあります。それはネット上の文章は基本的に雑な文章が多くなるという点です。編集という行為を受けることなく、そのまま世間に出ていくからです。本人の自覚の問題ですが、後から読み返すと雑なものが多いのが実態でしょう。

というわけで、本章をまとめますと、**正規の大学教員になりたいのであれば、有力学会誌に査読論文が複数掲載されることを目指します。最初は、業界誌への寄稿から始めるとよいでしょう。ほかに、論文に近い学術書を執筆した場合も、これに準じる評価を得ます。**

新書やビジネス書、ブログなどは評価の対象とはなりませんが、著書が世の中で話題となるようなベストセラーとなった場合は、客員教授や特任教授の声がかかるケースも出てくると思います。

第4章

現役ビジネスマンが客員教授を副業とする方法

この章では、ビジネスマンから客員教授や特任教授になるノウハウを示したいと思います。正確な数はわかりませんが、現役ビジネスマンや官僚でありながら、客員教授になる人がいます。そうかと思えば芸能人などの著名人教授もいます。

かれらを見ていると、客員教授になるためのノウハウがはっきりと見えてきます。

千差万別の客員教授・特任教授になる方法

客員教授や特任教授になる方法はさまざまです。ただし、正規の教授とは明らかに異なります。**学術論文を書いて客員教授になるような人はおそらくいない**と思います。

さまざまな客員教授・特任教授がいますが、まったくの部外者が就任するパターンを見ていると、だいたい次の三つのパターンに分かれるようです。

①有名人

芸能人やスポーツ選手の客員教授がこれにあたります。どう考えても、**大学側には「客**

「客寄せパンダ」という意図があります。その一方で、わざわざ客員教授を引き受ける側にも動機はあります。社会貢献や好奇心です。

ちなみに、客員教授に就任する有名人のレベルはさまざまです。誰でも知っている人もいれば、それなりにしか知られていない人もいるでしょう。しかし、基本的にはマスコミで生きている人が多く、一般人にはあまり参考になる事例とは言えないでしょう。

もちろん、現役ビジネスマンや税理士・公認会計士として働きながら、マスコミで有名になるという路線も考えられますが、芸能人やタレントとして生きていく覚悟がない限り、テレビなどでの露出には限界があります。

なぜなら、数多くのテレビ番組に出演している文化人などの多くは、芸能人と同様にどこかの芸能事務所なりマネジメント事務所なりに所属しているからです。フリーでやっている人もいますが、それは例外です。テレビ露出を増やすことで有名になろうと思うのであれば、出演機会を確保しなければならず、そうなってくるとどこかの芸能事務所に入らざるを得ないということでしょう。

現役ビジネスマンとして働きながら、芸能事務所に入ろうと考えている人はまずいないと思います。その意味では、**現役ビジネスマンが有名人になって客員教授になるという路線は現実的ではありません。**

例外としては、「今でしょ！」のようなフレーズが大受けするとか、著作が百万部を超える大ヒットになることで、さまざまなテレビ番組から引っ張りだこになるということもあり得ますが、これは宝くじなみの現象であって、ごくごく一部の限られた人にしか当てはまりません。

②人脈でのつながり

客員教授や特任教授は、学内の誰かから「この人いいと思いますよ」という声が上がってはじめて成り立つものです。その意味では、**学内の誰かとつながらない限り、客員教授のオファーなど発生しません。**

人脈形成法は個人差と状況依存が激しく、容易にノウハウ化できるものではありませんが、ヒントがあるとすると、**大学の上層部と知り合いになる**ということです。経験の少ない准教授よりは年配の教授、年配の教授よりは学長や理事長と知り合いであれば、それだけ有利だということです。

バブル経済崩壊後、大学もさまざまな改革を行ってきましたが、大学に「経営」という概念を持ち込むようになったことは大きな特徴です。それが最も露骨に現れているのが、教授会の権限を少なくして、学長などの経営層の権限を強くすることです。そのため、トップ層と知り合うことは何かとメリットが大きくなっているのです。

ただし、学長などのトップと軽口をたたき合ったり、学長が客員教授にわざわざ指名するようなビジネスマンというのは、五十歳以上の役員クラスが多いと思います。

私の見聞の限りですが、あるパーティで私立大学の理事長と知り合い、それがきっかけで、その大学に引き抜かれた方がいらっしゃいましたが、その方も相当実績のある役員クラスの人でした。そもそも、若手ビジネスマンがそういうパーティに参加することそのものが考えにくいわけではありますが……。

③そこそこの知名度と実績

芸能人ほど有名ではないが、ビジネスマンとしての専門知識や実績には定評がある。そのため、時折、新聞や雑誌にコメントが載っていたり、業界誌から原稿執筆の依頼が来る。仕事の関係で毎日テレビ出演はできないが、特定分野でのコメントがテレビで流されたりする。こういう人は、学長・年配の教授、学内でマネジメントに従事している人など、あらゆるレベルの大学関係者から声がかかる可能性があります。

この場合、強みは専門知識と知名度——重要なのは、**専門知識に裏打ちされた知名度**だということです。大学側としては「この人なら、学生に社会の現実のようなことも交えて教えてくれるんじゃないか」という期待があるからです。

そんなこともあって、本章では「客員教授になる方法」として、この三つ目の戦略をこれから解説していきたいと思います。この路線ならあらゆるビジネスマンに応用可能だと思うからです。

マスコミで名前を売って客員教授になる、という戦略は？

そこそこの知名度と、知名度を裏打ちする確かな実績――この二つを手に入れるためには、何をすればいいでしょうか？

日々の仕事を精いっぱいやる？　まったく不十分です。

出世する？　時間がかかりすぎます。

ポイントは、**個人として目立つということに尽きます。**

組織人でありながら、個人としても目立つ。社内で名前が知られているだけでなく、業界でも知られているような人になり、やがては異業種の人でも知っている――そんな存在を目指すのです。

そのための**最も効果的・効率的な方法は、マスコミに出ることです。**

たとえば、全国放送のテレビ番組の場合、視聴率数％でも、ものすごい数の人間があなたの顔を見たことになります。

それでは、どうやればマスコミに出ることができるのか？

方法としてはたった二つしかありません。**自分から売り込むか、マスコミ側から依頼があるかのどちらか**です。

まず、売り込みからいきましょう。

テレビ局関係者によると、「売り込み」はよくあるようです。さまざまなルートを通じて「私を出演させてくれませんか」と言ってくるのは日常茶飯事らしいですが、テレビ局関係者の口ぶりを聞いていると、あまり真剣に検討しているようには思えません。

これはテレビに限らず、新聞・出版も同じです。前述のように**売り込みはまったく通じない**ような気がします。もちろん、どういうルートで誰に売り込むのかによって、売り込みの効果は大きく異なると思いますが、一般的にはほとんど効果はないと思います。

私自身、出版の世界でのデビューは売り込みでした。とにかく著名な出版社に片っ端から電話をかけては「原稿を読んでもらえませんか」と頼みまくりました。しかし、ほとんどのところは無視されました。

もちろん、すべての出版社が露骨に無視するわけではありません。出版社のＨＰを調査してみると、持ち込み原稿専用のセクションなどがあって、そこが親身になって処理するということもあるようですし、玉石の中からダイアモンドを発見しようとする編集者もいます。私自身にもそういう経験はあります。

しかし、それはあくまでも例外です。大半は次のようなやりとりで、それほど効果的なものではありません。

「あのー、御社では持ち込み原稿はだいじょうぶでしょうか？」

「いいですよ。こちらに送ってもらえませんか」

あるいは、

「うちでは持ち込み原稿は受け付けておりません」

どちらの対応をするにしても、売り込んだ原稿に対する反応は大して変わりません。おそらく、オフィスのどこかに山積みされてお蔵入りです。

少なくとも、私の経験ではそうでした。何ヶ月経っても、何の返事もないからです。建前としては「読ませていただきます」と言いながら、実際には読んでいないというケースが多いのでしょう。数年経ったらシュレッダーにかけられたりして……。

しかし、これは出版社が悪いわけではありません。不況で社員は減っている一方で、社員一人が読まなければいけない原稿は山積みです。そんな状況で、質の判断しにくい「売り込み原稿」を読んでいる暇などないからです。

それに加えて、基本的に売り込みは胡散臭いということもあります。そんなものに付き合っているほど、マスコミ関係者は暇ではありません。売り込んでくる人は無数にいます。しかも、経験上、眉唾ものが多い。こうなるとマスコミ側も疑心暗鬼になります。

逆に言えば、マスコミで何かを公表するためには、「マスコミ側から依頼してくる」ようにするというのが基本的な戦略だということです。

先方から「書いてもらえませんか」「出演してもらえませんか」と依頼してくるのを待つしかないということです。厳しい言い方もしれませんが、それがマスコミの現実です。

「有名人になる近道」は仕事での実績か、それとも課外活動か？

それでは、マスコミ側から依頼される人間になるためにはどうすればいいのでしょうか？　少し生臭い話になってきますが、私自身の経験に基づいてお話ししましょう。

私がはじめてテレビからオファーをもらったのは、関西では「やしきたかじんのそこまで言って委員会」（読売テレビ）、首都圏では「太田光の私が総理になったら…秘書田中。」（日本テレビ）でした。厚生労働省を辞めて数年経ってからのことでした。

なぜ、これらの番組が私を呼んでくれたのかはよくわかりませんが、たまたま私が出版した本を読んだのがきっかけであったような気がします。

私が厚労省を辞めて少し経過してから出版した本が『はめられた公務員』（光文社ペーパーバックス）でした。この本はたまたま三万五千部売れたので、この本を読んで「話を聞いてみたい」という感じになったのだと思います。


ここからは私の推測にすぎませんが、本を読んでその中身に興味を持てば、「この人の話を聞いてみたい」となります。それと同時に、本に掲載されているプロフィールなどをこまめにチェックすると思います。そこに個性的なプロフィールが書かれていて、それがたまたまテレビ局関係者の目を引いたのだと思います。

私の経歴は変わっています。同志社大学文学部英文学科卒。その後、一年間のプータローを経て市役所職員からキャリア官僚。東大卒のキャリアは珍しくもありませんが、私のような凸凹は珍しかったのでしょう。人生、何が幸いするのか本当にわかりません。というよりも、**希少性にこそ価値がある**のでしょう。

テレビ出演のきっかけはさまざまです。しかし、「話を聞いてみたい」と思われるような人物ということがコアの条件だと思います。それも見ず知らずの視聴者ではなく、テレビ局の人間にそう思われることが最も重要です。ここは勘違いしてはいけないと思います。**テレビに出演できるかどうかは、視聴者からの投票で決まるわけではありません。あくまで決めるのはテレビ局です。**少なくとも初出演はそうです。そのため、**テレビ局の人間に評価されることが最も重要なことなのです。**この点は、大手マスコミはどこでもそうだと思います。出版にしても、編集者が「この人に書いてほしい」と思ってはじめて、執筆依頼が来ます。

それでは、マスコミ関係者から「この人の話を聞きたい」「何か書いてほしい」と思われるためにはどうすればいいのでしょうか？

基本軸は次の二つです。

一つ目は、ふだんの仕事で「個」として目立つことです。

これは相応に覚悟の必要な取り組みです。若い頃は、仕事の手柄の多くは上司にとられます。プロジェクトを成功させたといっても、手柄は役員や管理職のものです。こんな状況を打破して「〇〇というプロジェクトを成功させたのは、三十歳の若手係長のMらしい」といったような噂が、社内はおろか業界全体に響き渡るくらいに目立つようにするのです。

二つ目は、ふだんの仕事と絡めて、自分自身をさまざまな形で売り込んでいくことです。

仕事で得たノウハウをブログに書く、仕事で培った人脈を生かして雑誌に論文を発表してみるなどです。これなら社内でさほど波風は立ちません。

組織人でありながら個人として目立つには覚悟がいる

私は役人という組織人と大学教員という個人業の二つを経験していますので、組織人でいながら個として目立つのが非常に難しいことは、ものすごくよくわかります。

私自身は、役人時代に個として目立つことなどできませんでした。その一方で、個として目立つような人も見てきました。

目立つための最低条件は仕事ができることです。基本的に「できる」と言われる人が目立ちます。しかし、「できる人」＝「目立つ人」ではありません。

ここからがノウハウの領域になってくるわけで、「できる」という評判をどうやって押し広げていくかです。

自分の名声を社内だけでなく、業界全体やビジネス界全体にまで広げたいとなると、中途半端なことではいけません。いくつか代表的なノウハウを見てみましょう。

①　本邦初の取り組みを仕掛ける。

まず、本邦初の取り組みを仕掛けることです。「業界初の○○」というのは目立ちます。**自分で企画立案して、自分が責任者になれば、手柄をすべて得ることができます。**実際、珍しいプロジェクトのリーダーとしてビジネス誌に登場する人もいます。

②　声の大きい人になる。

「声の大きい人」になることです。どこの職場にも声の大きい人はいます。大した仕事をしていないにもかかわらず、声の大きさだけで存在感を示す人さえいます。

日本人は謙虚な人が多いのか競争相手が少ないので、声が大きいだけで出世できたりします。声が大きければ、それだけ自分の仕事の成果を社内に宣伝できます。

③　「トップの懐刀」になる。

「トップの懐刀」になることです。若いころには重要な仕事は回ってきません。しかし、役員などの影に隠れるのであれば、いくらでもでかい仕事はできます。うまく機会を見つけることができるかによりますが、陰の参謀役は大チャンスです。

日本独特かもしれませんが、日本型の組織では不思議とトップが直接リーダーシップを発揮するよりは、トップの陰にいる知恵袋のほうに注目が集まります。そのため、トップの陰にいることはものすごく意味があるのです。このパターンは、政治家と官僚の関係でよく取り上げられます。

④ マスコミ関係者とコネクションを築く。

社外（特にマスコミ）とのコネクションを築くことです。マスコミ関係者とコネクションができれば、何かと宣伝してくれる可能性は俄然高まります。ただし、マスコミ関係者というのは非常にしたたかです。プライベート上の友だちなら別ですが、仕事で付き合う場合、あなたに何の価値もなければ付き合いは継続しません。

政治や役所の世界では、マスコミ関係者が近寄ってくるということは、まだまだ、その人に価値があるということを意味します。

日本の組織の中で個として目立つには、嫌われる覚悟がいる

以上、個として目立つための代表的な四つのワザを挙げてみました。ただし、若くして個として目立つような人は、よほど人格が高潔でもない限り、職場では嫌われます。ビジネスマンの仕事の多くは集団労働です。個人の能力に大きく左右されるわけではありません。それにもかかわらず、すべてを自分の手柄であるかのように言えば、嫌われるのは当然です。

また、日本の知的エリートの多くは不思議なことに、ものすごく謙虚で表に出たがらないものです。役人経験を通じて、東大出身者の多くは謙虚だと感じました。「俺が、俺が……」というタイプは意外と少ないのです。それは官僚と政治家を比べれば、よくわかるでしょう。政治家は何でも自分の手柄にしたがるのに対して、官僚は黒子に徹することをよしとします。

これらの取り組みから言えることは、組織人でいながら、若くして個として目立つためには、覚悟がいるということです。周りから嫌われる程度のことは意にも介さない。それくらいの覚悟は最低限必要だということです。

また、**目立つのであれば、思いっきり目立ったほうが得です。出過ぎる杭は打たれにくい**ということです。昨今はこの法則が特に当てはまるようになっています。出過ぎる杭を打とうとすると、それを打ち付ける側もリスクを背負うことになる。

中途半端な目立ち方はリスクが高いが、目立ちすぎれば逆にリスクは低くなるのです。

組織の中で嫌われずに、個として目立っていく方法については、さらに詳しく第六章でお話しします。

ブログ・書籍・社会活動のうち、最も知名度を上げる活動はどれか？

私のように度胸がない、職場の空気を悪くしてまで目立ちたくない……、そういう人にオススメなのが、ふだんの仕事と絡めて自分を売り込んでいくことです。

具体的に言うと、**ネット活動・言論活動・実践活動の三つのうち、どれかで目立つ**のです。


まず、ネット活動ですが、**ブログやツイッターで面白い情報を発信してアクセス件数を増やす**ことでしょう。私自身は、ＩＴを専門にする大学院にいながら、ツイッターはやりませんし、ブログもほとんど更新せず休眠状態になっています。

そんな自分を省みずに言うのも恐縮ですが、テレビを含めてマスコミ関係者の中にはネット情報をこまめにチェックする人がいます。実際、ネットの世界から一気に這い上がって、マスコミに登場する人が増えています。マスコミは焦っているのか、ネットの世界をなんとか取り込もうと必死なのです。

出版社の編集者の中にもネット重視の人は多くて、「○氏のブログのアクセス数は……」ということで、出版企画の是非の判断基準にします。アクセス数を潜在的な読者層と読み替えることができるからです。ブログやツイッターは誰でもすぐにできる取り組みです。やる価値は十分にあると言えるでしょう。

言論活動とは、**自分の書籍を出版する**ということです。それ以外にも、雑誌に論文を発表する、自分が受けたインタビューが掲載されるというように、どんなレベルでもいいから、自分の意見・考えを公表するということです。論文を効率よく書くノウハウについては、第五章でお話しします。

書籍は多くの人の目に触れます。特にマスコミや学術界など、世論形成に影響力を持つインテリ層に大きな影響を与えます。かれらの中には大手新聞で書評を書くような人もいて、そういう人が万が一、書評にでも書いてくれたら、それだけで本の評価は鰻上りです。書籍は依然として世論に大きな影響を与えます。

どういう本を出版するかについては、正規の教授を目指すのであれば、第三章でお話ししたように学術書が望ましいのですが、これは片手間に書けるものではありません。

他方で、有名になるということを目的にするのであれば、

著名な出版社から↓
誰でも読めるような新書形式で↓
オピニオン系の中身

というのが最高だと思います。

まず、著名な出版社は初版部数が多く、それだけ多くの書店に配本されますから、売れる可能性・より多くの人に読んでもらえる可能性がグンと高まります。新書をお勧めするのも同様の理由です。

おそらく新書の場合には初版一万部がベースだと思います。一般書であってもふつうの単行本の場合は、数千部、それに対して学術書の場合には一千部単位です。それだけマーケットの広がりが違うわけです。単刀直入に言えば、難解な学術書をわざわざお金を支払って読む人は少ないということです。

ある大学の先生が「今や、東大の学生でさえ値段が高くて読みにくい学術書は買いませんからね。授業の指定図書は新書ですよ」とおっしゃっていたのですが、多くの人に読んでもらおうと思うのであれば新書スタイルがいちばんです。

オピニオン系の新書がよいのは日本の状況と大きく関連します。失われた二十年とも言われる長期不況の中で、どの分野でも多くの人は苦境から抜け出す「答え」を求めています。オピニオン系の書籍のように「これからの日本はこうあるべきだ」「これからのビジネスモデルは○○だ」と強く主張されると、誰でも心を惹かれるものです。

たとえば、みんながなんとなく「アベノミクスで住宅ローンはどうなるんだろう」と漠然と思っているとき、鋭い分析で未来を予想すれば、一気に名声が上がります。オピニオンに加えて、自分独自の解決策が示されていれば最高でしょう。

批判や抽象的な解決策の提示は誰でもできます。しかし、具体的な解決策となると誰も提示できない。これが今の日本です。そんな状況にあって、**実務の経験を基盤にして具体**

的な解決策を示すことができたなら、注目が集まるのは当然でしょう。

客員教授になりたければ、大学教授と学生に注目される社会活動を！

最後に、社会活動で名前を売るノウハウについて考えてみましょう。

社会活動にはさまざまなものがあります。貧困問題や地域の課題に取り組むなどの社会派活動もあれば、読書会の主催、異業種交流会の主催など、ビジネスレベルのものまで多彩ですが、目立つという一点に関して言うと、**インパクトのある取り組み**ということに尽きます。

インパクトのある取り組みは口コミなどを通じて広がっていきます。ネット時代に入ってからは、さらに拡散する速度が速くなっているため、ユニークな取り組みがそれだけ注目されやすいことは間違いありません。

ただ、不特定多数を対象にしてやみくもに目立とうとしても、なかなか実感を得られないと思います。ネット時代であろうがなかろうが、オピニオンや活動が拡散していくプロセスはそれほど変わっておらず、まずは身近なところからジワリジワリと浸透していくものだと思います。

その意味では、真っ先に目指すべきなのは、少なくとも同じ分野の人々には知られる、あるいは、評価されるような取り組みをし、その活動の中心的存在になるということではないでしょうか。

たとえば、毎日放送の著名な番組**「情熱大陸」**にはさまざまな人が出てきますが、NHK**「プロフェッショナル　仕事の流儀」**と同様に、誰でも知っているような著名な人もいれば、その業界では知る人ぞ知るという業界人もいます。

「情熱大陸」には、音楽・ファッション・美術などの芸術分野で大活躍している人がよく出てきますが、残念ながら、私にとって、テレビを見るまでその存在さえ知らなかったという人がほとんどです。ただし、こういう人は業界内では知名度抜群です。そんな業界内の噂が拡散して世間にジワリと出ていき、やがてマスコミ関係者の知るところとなり、テレビ番組で取り上げられるというプロセスを辿るわけです。

必ずしも目立つこととは関連しませんが、**大学の客員教授から招かれるような取り組みをする**というのもポイントです。大学教員からすれば「こういう社会活動はぜひ学生に伝えてほしい」というものがあります。**多くは社会貢献系の活動**で、そういう活動をやっているとと大学教員との接点が増えるだけでなく、その活動を講義という形で伝えてほしい、となります。

こうなると突発的な臨時講義からやがて非常勤講師や客員教授のオファーにつながっていくわけです。

昨今の大学はどこでも学生のニーズに非常に敏感です。学生が望む授業やカリキュラム、役立つものについて、それなりに真剣に考える教員が増えています。

正直、筆者のようなバブル世代の場合、授業自体がいい加減な大学教員がたくさんいました。私が通っていた大学では、年中休講にしている外国語の授業が話題になっていました。あくまで私の記憶の限りですが……。しかし、大学を問わず、今やそんな教員はまずいないでしょう。講義の回数は厳格に決まっているからです。一学期に十五回が基準です。そのため、ゴールデンウィークのある前期などはどうしても補講をせざるを得ない状況です。

そんな状況であることを考えると、大学や大学教員が注目するような取り組みを行うというのも意外と狙い目です。

繰り返します。**大学側は授業のネタを探している**のです。

第5章
秘伝　時間がない人のための効率的論文作成法

1 本当は簡単、学術論文の基本パターン

第三章で、**大学教授を目指すには、「論文」がキモとなる**ことがおわかりいただけたと思います。そこで、ここからは、どうやって論文を書くのかについて、実践的なノウハウを示したいと思います。論文の書き方の本は多数ありますが、多くは、あまりにも正攻法すぎて、ビジネスマンにとって実用的ではありません。

ここでご紹介するのは、**私の体験に基づく、あくまでもビジネスマンが仕事をしながら、効率的にその技術を身につけていくための現実的なノウハウ**です。私自身、実務家出身者として論文の書き方では試行錯誤を重ねてきましたので、これからお話しするノウハウは非常に実践的だと思います。

なお、この章で想定するのは学術論文の書き方です。以下では、簡潔に「論文」という

表現を使いますが、それは学術論文を指しています。**ただし、学術という言葉で身構えないでください。そのルールさえ知れば、誰でも書くことは可能です。**

小説は才能かもしれないが、論文はノウハウと努力という「絶対法則」

なぜ、私が論文の効率的な書き方のノウハウを示すことができるのか？　それは私自身が働きながら論文を書くなかで、どうすれば効率的に書くことができるかを探求してきたからです。

霞ヶ関の中央官庁は激務です。雑務が多いこともあって日々真夜中まで働いていました。それにもかかわらず、当時の私はとにかく大学教員になりたくて、隙間の時間をぬって論文を黙々と書いていました。

最初は試行錯誤の連続でした。なぜなら、私は日本の大学院を卒業していませんし、学術論文の書き方の指導も受けたことがないからです。米国の大学院にいましたが、向こうの博士前期課程はそれほどのレベルではありません。修士論文が必須にもなっていませんでした。そのため、論文の技法を独学で身につけていきました。

その過程でわかったことがあります。

単刀直入に言えば、
技法さえ身につければ誰でも論文など書けるということです。

ノウハウが効きやすい領域なのです。

また、ビジネスマンのように時間がなくても、少ない時間を有効活用すれば、誰でもできるというのも発見でした。

たとえば、特定の難関資格のようにわざわざ仕事を辞めて、大学院に入り直さなくても、ビジネスマンとして働きながら大学教授になるのは可能だということです。


ノウハウが効きやすい理由は二つです。

まず、論文はパターンが決まっていることです。エッセイ、小説、紀行文など文章の形はさまざまですが、論文ほどパターンの決まった文章はありません。そのため、パターンを身につければ、グッとアクセスできるようになります。

次に、鍛える能力も決まっていることです。小説のように「感性だ」と言われると、これはどうしようもありません。感性を一定期間内に向上させるノウハウなど、おそらくないでしょう。

それに対して、論文作成に必要とされる能力は、

①アイデア力
②情報収集力
③情報整理力
④分析力
⑤英語力

の五つです。もし可能であれば、ここに、**⑥統計力**が加われば完璧だと思います。

アイデア力と情報収集力が論文作成の前半部分を構成する要素。それに対して、情報整理力から統計力までが後半部分を構成する要素です。

学術論文は必ずしも難しいものではない

まずは、論文はパターン化できることについて、お話ししていきましょう。

「学術」と言われるだけで非常に難解なものだというイメージが湧き上がりますが、本当のところはどうでしょうか？

私自身の経験から言えば、ビジネスの現場で書く企画書や報告書とそれほど違いません。

企画書と報告書は厳密に言うと別物です。企画書は何かプロジェクトや新製品などを提案するもの。それに対して、報告書はマーケットでも製品でも現状を分析・報告するものです。

こんな違いがあるにもかかわらず、**この両者と学術論文は非常によく似ています。構成**

がよく似ているからです。

まず、**自分の企画を通すために書いている企画書は、仮説↓実証↓結論という学術論文のスタイルに限りなく近い**ものです。

「ネット型研修の導入について」という企画書の場合、自分の企画がいかに有効かを訴えるためにさまざまな統計や資料を引っ張ってきます。「ネット型研修が有効である」というのを一種の仮説だと考えれば、学術論文と何ら変わるところがありません。

報告書の場合は多少違います。たとえば、「中国市場への進出について」という報告書を書くとしましょう。このときには、中国市場の現状をさまざまな角度から分析して、現状をなるべく客観的に記述します。どこにも仮説↓実証というラインがないような気がしますが、**よくよく考えれば順序が逆になっているだけ**です。

なぜなら、**報告書の最後には必ず提言のようなものをつけるから**です。

中国市場の分析から始まって「今すぐ中国に進出すべきだ」、「他国やライバル企業に惑わされることなく、中国進出には慎重に対応すべきだ」などという結論を必ず書くはずです。単なる事実分析では上司は納得しないでしょう。

これは、**実証から逆に仮説（結論）を導いているだけの話で、実際には学術論文と構成は同じです。**

ちなみに、社会人大学院生や実務家の多くは、このような報告書と同じ構成で論文を書く傾向があります。そのため、仮説→実証という型に慣れている学者には違和感があるため、「ビジネスマンのレポートとは違うんだから……」という指導を受けるケースが多々あります。

「書くノウハウ」に鉄則はない

学術論文と、企画書や報告書に大きな違いはないとして、次に学術論文を書くためのノウハウに話を移そうと思います。

世の中には「書くためのノウハウ書」があふれています。こうすればうまく書ける、サクサク書けるといった類の本です。私自身、これまで相当数のノウハウ書を読みました。今も、大学院で論文の書き方などの授業を担当していますので、この種の本には常にアンテナを張っています。類似本が非常に多い領域なので、年々、わかりすく解説した優れたものが出版されるようになっています。目から鱗のものもたくさんあります。

しかし、私自身は**「書くノウハウに鉄則はない」**と思っています。論文作成のノウハウはあっても、文章の書き方そのものに、必ずこう書け、という決まりはないということです。

どうやって書くか、何を書くかなどマニュアル的に教えようがないというのが実感です。私自身、未だに書き方がわからないときがあります。

そもそも表現方法などマニュアル化できないのです。マニュアル化できないからこそ、次から次へと新しい小説家が出てくるのです。目の前にいる上司の表情を文章で表すのにマニュアルなど適用できるわけがありません。書き方は千差万別であって、最も評価されるような表現法などないということです。

率直に本音を言えば、**書くことに関しては慣れるのがいちばんです。**ノウハウ書を片手に文章を書く人などいないでしょう。

振り返ってみてください。会社で書いている報告書や企画書を書くとき、わざわざノウハウ書を見ますか？　手元で文章ノウハウ書をめくりながら、企画書を書いているビジネスマンなど見たこともありません。ノウハウ書を読み、ある程度書き方を覚えると、とにかく書いてみる。そうやって身体に叩き込んでいきます。

こんなことを言ってしまうと身も蓋もないのですが、安心してください。小説やエッセイと違って、論文はマニュアル化しやすい領域だからです。

先ほどの小説との比較で考えてみてください。目の前の上司の表情の描き方は教えようがなく、描く人それぞれの感性が問われます。才能のある人とない人では、表現方法の優劣に大きな差が発生します。

それに対して論文は、誰が書いても「構成」は変わりません。当てはめるべき「型」が決まっています。また、個々の文章表現は違いますが、論文では表現はそれほど重要ではありません。**論文は論理が問われる文章領域で、感性が問われる文章領域ではないのです。**

学術論文の決まったパターンとは何か？

学術論文のパターンは決まっています。次の参考文章を例にして説明したいと思います。

①学術論文は、序論・本論・結論の三つのパートから構成されています。

三ページでも何百ページでも構成は同じ。三つに分類できるほど単純だということです。

②序論・本論・結論の三つのパートに何を書くのかも決まっています。

まず、序論では、次の三つを紹介します。

1　仮説

2　先行研究

3　実証方法

次に、**本論では実証方法を丁寧に紹介**して、それによって得られた**考察結果を示します。**

③ そして最後に結論を述べます。

繰り返します。学術論文は三つのパートから成り立っています。それぞれ三つのパートに何を書くのかも決まっている。

こうなってくると重要なのは、**それぞれのパートを埋めることができるだけの情報があるかどうか**ということだけです。

〈序論に何を書くか?〉

1　仮説と先行研究

ここからは、一九六～一九八ページに挙げた資料②の例文にそってお話ししましょう。

序論では「SNSの活用によって企業の売上げは倍増する」という仮説を提示します。

その後は学術論文特有のルールとして、**先行研究を例示する必要があります。**

「先行研究」についてはもう一度じっくりと解説しますが、仮説に関連の深いさまざまな資料と思っておけばいいでしょう。SNSの活用法についてはさまざまな書籍や論文が出版されているはずです。そのような過去の研究を「先行研究」といいます。

2　実証方法

そして、序論の最後に、**どういう方法で「SNSの活用によって企業の売上は倍増する」という仮説を実証するのか、その手段について説明します。**実証方法にはさまざまなものがあるでしょう。もし上司を説得したいのであれば、あなたならどういう方法をとりますか？

最も効果的なのは、**インパクトのあるデータ**でしょう。

SNSの活用で売上げを数倍に増やした企業の事例などを紹介すると、上司は飛びつくかもしれません。あるいは、疑い深い上司なら「これは本当か？　あくまで特殊事例じゃないのか？　もっとほかの事例も集めてこい」と迫ってくるかもしれません。

学術論文の実証方法も同様です。たくさんのサンプルをとって統計的に実証する人もいれば、文化人類学のように未開のジャングルに入っていって、そこで暮らす人々の生活をウォッチするという方法もあります。もっと面白いところでは、考古学などは遺跡を発掘することで新事実を実証したりします。

方法は何でもいいのです。要するに証明に説得力があるということが重要なのです。

〈本論に何を書くか？〉

その次に、**本論では実証方法の詳細とその考察結果を書きます。**

この部分が分量としては最も多くなります。

たとえば、顧客にヒアリングするという方法を選んだのであれば、①顧客対象は誰か、②人数はどれくらいか、③年齢や性別、職業の有無など、④ヒアリング項目、⑤ヒアリング日時などの調査方法を書くとともに、ヒアリングによって得られたことを緻密に分析します。「女性客はSNSに興味が薄い」とか「意外なことだが、中高年男性にSNS愛好者が多い」といった考察結果を書くわけです。

〈結論に何を書くか？〉

そして最後に、**最初に示した仮説が本当だったのか、十分にその本当らしさが示されていないとすると、どこに問題点があったのかなどを述べます。これが結論ということになります。**

繰り返しますが、

学術論文は構成が決まっており、その構成にそって必要な情報を配置していくだけです。

どういう文章を書くのか、どういう表現にするかなどの決まりはありません。各自が書き慣れていくしかありません。また、表現方法や書き方などはあまり重要ではありません。

最も重要なことは、

仮説→先行研究→実証方法→結論という四つがきちんと示されているかどうかだけです。

資料②　学術論文の例

SNSの活用と企業について

1　本論の目的

本論の目的は、SNSの活用が企業の売上げにどのような影響を与えるのかを分析することである。

SNSなどのソーシャルメディアの動向についてはさまざまな研究がある。ここで先行研究を整理して示すと以下のようになる。

SNSが人間関係をより濃密なものにするとした村上（2010）、青木（2009）

が有名である。それに対して、ＳＮＳによる関係はあくまで表面的なもので、実質的な人間関係は深くならないと結論づけた研究としては佐伯（２０１３）が一大論争を巻き起こしたことは記憶に新しい。

その一方で、企業とＳＮＳの関係に目を転じてみると、企業のさまざまなＳＮＳ活用法を紹介するような研究が多く、それが企業のパフォーマンスにどのような影響を与えているのかを研究したものは少ない。

そこで本論はこのような先行研究の動向を補うべく「ＳＮＳの活用によって企業の売上げは倍増する」という仮説を立て、これを実証することとしたい。

そのため、本論は以下のような方法で仮説を実証することとする。まず、Ａ社の顧客千人から無作為にヒアリング対象者を五十人選ぶ。そのうえで、五十人のヒアリング対象者から「ＳＮＳによる販売をどのように感じるか」などのヒアリングを行うことで、ＳＮＳがビジネスに有用であるどころか、売上げの倍増につながることを実証することとしたい。

（本論２〜４）

2　ヒアリング調査について
2－1　ヒアリング対象者の選定方法
2－2　ヒアリングの日時
2－3　ヒアリング対象者のさまざまな特徴（性別・年齢・職業など）
3　ヒアリング項目について
3－1　ヒアリング項目の選定理由
3－2　具体的なヒアリング項目
3－3　ヒアリング項目毎の関連性
4　ヒアリングから導かれる考察結果
4－1　ヒアリング結果の概要
4－2　ヒアリング結果の特徴
4－3　本論が提示した仮説とヒアリング結果の整合性について
5　結論　SNSは企業の売上げを倍増させたか？

学術論文作成に優れた文章力は不要

学術論文には序論・本論・結論という型があるということ、仮説→先行研究→実証→結論という構造があるということの二つから導かれることがあります。それは、書く能力以上に重要な能力と、書き方以上に重要なノウハウがあるということです。

実際、会社の周りを見渡してみてください。ビジネスの現場で優れた企画書や報告書を書くビジネスマンは優れた書き手でしょうか？

文章がうまい（名文家）＝企画書の名人ではないはずです。**文章の上手さと、企画書や報告書の卓越性とが相関しない**ことは、誰でも経験しているはずです。同じことは学術論文にも言えます。

私の経験では、**論文作成にあたって文章力は最も重要度が低い**と思います。

それに対して重要度が高いのは、先ほど述べた六つの力**（アイデア力、情報収集力、情**

報整理力、分析力、英語力、できれば統計力）です。もちろん、これらの能力を支える基礎として物事を続ける持続性や継続力は必要不可欠です。

実際、自分の頭の中でさまざまな考え方を練り上げるのではなく、さまざまな実験をしたり、客観的なデータを重視する理系の論文の場合には、データ収集するまでが勝負です。それさえできれば、論文というパターンの決まった鋳型にデータを流し込んでいくだけだからです。

2 論文のテーマの着想をいかに得るか⁉
アイデア力を鍛える方法

アイデア力、情報収集力、情報整理力、分析力、英語力、統計力が必要とされるフェーズはそれぞれ異なります。大まかに言うと、仮説立案に必要なアイデア力、先行研究を含めた情報収集に不可欠な情報収集力という、いわば論文作成に必要な前半部分と、集めたデータを整理・分析する情報整理力、分析力、英語力、統計力という後半部分の二つに大別できると思います。

では、前半部分に必要なアイデア力・情報収集力と、後半部分に必要な情報整理力や分析力では、どちらが重要だと思いますか？

それは国・大学・指導してくれる教授次第です。

ノーベル賞をはじめ数々の賞の条件の一つは、常識を覆すような発見ですが、これは仮説の斬新さと同じです。リンゴが木から落ちたところをみて「重力が存在するのではないか」という仮説を立てて実証したといわれるのはニュートンですが、これはアイデア力がないと無理でしょう。一般人ならリンゴが木から落ちるシーンを見て、この世に引力が存在するんじゃないか？という仮説は思いつきません。

米国の大学院に留学していたころ、どの教授もとにかくオリジナルなものを非常に高く評価することに驚いた経験があります。誰もやっていない新しいアイデアでレポートを書くと、荒削りでもよく褒めてくれました。あくまで私の独断と偏見ですが、米国はアイデアの国でした。

それに対して、日本はどうも後半の能力が重視されるようです。簡単に言えば、斬新な仮説よりも、それを丁寧に実証しているかを重視するわけです。

実証の精緻さというのは、とにもかくにも客観的な証拠で読者を納得させることです。

隙のないようにさまざまなデータを揃えて細かく書くわけです。

思いつくためのノウハウ五つの法則

論文にしても企画書にしても**「何を書きたいのか」が基本**です。そもそも書きたいテーマがなければどうしようもありません。

しかし、アイデアというのは簡単なようで難しいものです。大学院生でさえ「論文のテーマ」はなかなか決まりません。嫉妬深い学者はベストセラーを嫉妬して、「あんな本はたまたま思いつきで書いたんだろ」と悪口を言ったりしますが、その思いつきは誰もが真似できるものじゃありません。

「思いつき」はものすごい能力です。誰にも真似できない能力だからです。King of Creativeなのです。

ただし、思いつきは必ずしも才能だけに依存するものではありません。思いつきには間違いなくノウハウがあります。細かなやり方は人それぞれです。駅前の喫茶店でコーヒーを飲んでいるとひらめく人もいれば、友人と激論しているときにひらめく人もいるでしょう。ただし、どのような人であれ当てはまると思われるのが次の五つです。

①考え続ける
②身体を動かす
③アイデアが浮かびやすい時間帯を見つける
④場所を変える
⑤習慣と非習慣を使い分ける

順に見ていきましょう。

①考え続ける。

ゲロをはくくらいに考え続けたことはあるでしょうか？　アイデアを生み出すのは非常

に苦しいものです。考え続けると眠れなくなるときもあります。物事を掘り下げ続けると、何もかもを疑い出し、泥沼にはまり込むときさえあります。

私は職業学者ですから、考え続けるときはそれくらい考えます。おそらく、涼しそうな顔をしているクリエイターの多くも同じだと思います。

ただし、考え続ける効果は絶大です。試しに、休日の半日程度、特定のテーマで考え続けてみてください。これまで見えなかったものがいっぱい見えてきます。

② 身体を動かす。

私は仕事に煮詰まると散歩します。とにかく歩きます。そうすると不思議なことに、これまでのモヤモヤがスーッと晴れるときがあります。小説家や研究者が散歩の効用を話すのをよく聞きます。仮に裁量労働が許されているのであれば、仕事に煮詰まったらオフィスに座っていないで、オフィスの周りを歩いてみてください。

身体を動かすのであれば水泳やスポーツクラブでもよいか……これは難問ですが、アイデアを生み出すという点で言えば、あまりプラスだとは思いません。

息が切れるような運動はストレス解消にはなっても、考える時間にはならないからです。

私の経験では、プールはすっきりするだけで、泳いだ後にアイデアが結晶するといった経験をしたことがありません。あくまですっきり、ストレス解消です。散歩でも上り坂道は苦しくて、考える時間にはなっていません。

③ アイデアが浮かびやすい時間帯を見つける。

アイデアが生まれやすい時間帯というものはあります。早朝勉強が流行ったことがありましたが、早朝に頭が冴える人もいれば、深夜に冴える人もあります。とにかく、自分の頭が冴える時間帯を発見することです。発見したら、その時間帯は考えることに費やすように努力することです。

私の場合、早朝が最も頭の冴える時間です。五時あるいは六時に起きて即座に仕事します。その時間は考えることに費やします。ここがポイントです。

新聞を読んだり、メールをチェックしたりといった受け身の仕事はしません。受け身の仕事をするにはあまりにももったいない時間帯だからです。能動的に脳を使う時間にするのです。

もう一つポイントがあります。それは**最低でも一〜二時間程度は確保する**ことです。絶好調な時間はあっという間に過ぎ去ります。それくらいリズムがよいのです。そのため、三十分程度では中途半端なままになってしまうのです。

最低でも一〜二時間を確保するとなると、職住近接が圧倒的に優れていることになります。郊外に住んでいると、どれだけ早起きしても、早朝に自宅で一時間の勉強時間を確保するのは厳しいからです。

私はかつて六本木の公務員宿舎に住んでいたことがあります。厚労省までは歩いても通勤できる距離でした。そのため、早朝勉強には非常に適していました。その後、千葉県松戸市の公務員宿舎に引っ越しましたが、早朝勉強には挫折しました。持続不可能だったのです。もちろん、通勤電車を勉強部屋にする努力はしましたが、やはり自宅での落ち着いた勉強に勝るものではありませんでした。

④ 場所を変える。

場所を変えるのは散歩と同じ効果があります。アイデアは場所と時間に大きく依存します。それだけ脳は環境から影響を受けるのでしょう。研究室で行き詰まったら、デパートに行ってみたりすると、突然、これまでの悩みが解消したりします。場所変えについては、行きつけの喫茶店を確保しておくなどの場所確保もありますが、私はこういうマニュアルっぽいのは嫌いです。行き当たりばったりで、その日のフィーリングに任せればよいと思います。

⑤ 習慣と非習慣を使い分ける。

習慣と非習慣の使い分けには、少し説明が必要かもしれません。役人時代、私の日常生活は非常に規則正しいものでした。月曜日から金曜日まで、毎日同じ時間に起きて役所に行く。土日は疲れ果てる。ストレスはたまりましたが、生活のリズムはありました。

しかし、大学教員に転職して以来、生活のリズムはあっという間に乱れました。授業や重要な会議に遅れることは許されませんが、それ以外の過ごし方は基本的に自由だからです。

決まった時間帯に研究室に来る人もいれば、海外での学会に出かける人もいますし、産官学連携などに奔走する人もいます。ダラダラしようと思えばできます。がんばろうと思えば徹夜を続けることもできます。基本的に誰にも監視されない独立自営業のようなものだからです。

こんな生活をしていると自然にリズムは乱れてきます。管理されるのは嫌だという人がいますが、これには楽な部分もあります。生活のリズムを強制的につくってくれるからです。「何をやっても自由だ」という立場になるとわかりますが、セルフマネジメントは意外とたいへんなのです。

定年後にうつ病や神経症になったりする人がいると聞きます。おそらくセルフマネジメントがうまくできないからだと思います。毎日何をやっても自由だと言われて、逆に戸惑うのでしょう。会社から離れれば、やるべきことを決めるのは自分自身です。誰も助けてくれません。

そんな経験からわかったことは、**アイデアを生み出すような知的作業をするためには、日常生活を習慣化しリズムをつくるのが重要だ**ということでした。

決まった時間に起床して、決まった時間に寝ることで、生活にリズムをつくり出す。それによって、身体も心も健康が保たれるということでした。

誰も見ていないからといって、徹夜を繰り返す一方で、何もしない日々が続くというのは心身に非常に悪い。スポーツ選手のルーティーンと同じです。**決まったことを繰り返すことで日常にリズムが生まれて、仕事がうまくいくのです。**

その一方で、日々同じパターンを繰り返すことでアイデアが湧いてくるかというと、これがそうでもありません。数ヶ月に一度必ず行き詰まるからです。飽きてくるのです。脳が刺激を受けないからです。

ではどうすればいいかというと、(個人差があると思いますが、) **一週間から一ヶ月に一回程度は、習慣とまったく違うことをやってみる**のです。これによって刺激を受けて、新しいアイデアや考えが閃いたりします。

人間というのは実に繊細な生き物だと思います。プロ野球のピッチャーが好投の理由を聞かれて「ちょっとしたことを変えただけです」と話すのをよく聞きますが、ちょっとしたことを変えるだけで随分と結果が違ってくるのは、どの世界でも同じです。

私はたまたまテレビ出演という刺激があります。現在、関西地方で二つの情報番組に定期的に出演させてもらっていますので、時折、非日常の刺激が得られます。

芸能人は綺麗だなぁとか、昔ブラウン管を通して見ていた歌手を生で見たりとか、少しヒンヤリしたテレビ局のスタジオの空気を感じたりとか、こういう非日常の刺激が研究にも大きな成果をもたらしています。

どれくらいの周期で習慣と非習慣を繰り返すのがいいのか、私の十年間の経験ではまだまだわかりません。最も頼れるのは自分の感性だけでしょう。

こう考えると、ビジネスのノウハウも猿真似はダメだということに気づきませんか？

ノウハウの基本は本で学べても、生きたノウハウは個々人で生み出すしかありません。

3 実務家と専門家を分ける「先行研究」についての情報収集力

突然ひらめくアイデアも、実は、過去の努力の蓄積があってこそ

突然アイデアが閃くというのは偶然であるような気もしますが、意外と過去の努力の蓄積という部分もあります。

アイデアが閃くというのは、突然、天から降臨するというものではなく、元々自分の頭の中にあったものが、何らかの偶然で出てくる、ということなのです。

だから、**アイデアは、(上から) 降ってくるものではなく、(下から) 湧いてくるもの、というのが正確な表現だと思います。**私自身、散歩しているときは足からアイデアが出て

いるような気がします。

学問の世界では、これは意外と深いテーマです。

優れたアイデアは突然頭の中に芽生えるのか、それとも過去に見聞したことが結晶化されたものなのか？

相対性理論は過去の理論とまったく違う発想から生まれたのか、それとも過去の研究を批判的に踏まえて生まれたものなのか？

もしそうであるとすると、相対性理論もやはり過去の理論の影響を受けたものなのか？

どちらをとるかは人それぞれですが、文系に関しては、どこかで影響を受けたアイデアが大半だと、私個人は思っています。**突然、ビッグバンのようにまったく違ったものが閃くのではなく、過去の何かに影響を受けた結果、出てくる**ものだと思います。

時折オフィスでも、「こんなアイデアを思いつくのは俺様だけだ」みたいな顔でプレゼンしている人がいますが、そういう人のアイデアだって、過去に上司・同僚・部下から聞いた話がヒントになっているかもしれない。あるいは、電車の隣でしゃべっていた女子学生の話がヒントになっているかもしれない。そう思うと、本人自身が気づいていないだけで、**世の中のアイデアの多くは、過去の蓄積にほかなりません。**

学問の世界では、過去の研究の蓄積・その影響を非常に重視します。それが「先行研究」です。

どんな斬新な仮説やアイデアも、過去の研究から影響を受けている以上、どういう過去の研究から影響を受けたのか、過去の研究とどう違うのか（逆に言えば、過去の研究との比較でどこにオリジナリティがあるのか）を説明する義務があるということです。

たとえば、「ワインは精神疾患に有効だ」という仮説を実証する論文を書くとしましょう。そうなると、ワインと疾患に関連した数々の論文、ワインの成分について分析した論文などを提示する必要があるということです。そのうえで、「過去の研究はワインは心臓疾患に効くというものが大半で、ワインの成分は脳にも効果的だと分析した論文はない」とか言いながら、過去の研究との違いを提示するわけです。

後で説明しますが、この先行研究の収集・整理は結構たいへんです。おそらく、**これこそ、学者とビジネスマンなどの実務家の最大の違い**だと思います。それと同時に、どこまで力を入れたかが最も露骨に現れる分野でもあります。なぜなら、先行研究をきっちりこなした仮説は、それだけトガっていて、エッジが効いているからです。

素人目線のほうが斬新だ……と思われる人もいるかもしれませんが、学問の世界は違います。もちろん、素人目線が新しい研究を生み出したり、異分野の研究者が斬新な研究を生み出すことは否定しませんが、その確率は低いということです。

トガった仮説というのは斬新な発想の賜でもありますが、その多くは過去の研究を調査し尽くしたうえで、誰もやっていない空白を発見するものだからです。

どんな分野でも「ここは手をつけていない……」という未開拓地があります。そういう発見をするためには、過去の研究をじっくりと調査することが必要不可欠なのです。

そんな調査に基づく仮説は相当マニアックです。実際、学者の世界では仮説は詳しければ詳しいほど評価されます。それだけ専門能力のある証になるからです。

原稿用紙五枚程度を渡されて、何か書けと言われたとしましょう。「今後の日本経済の行方」なら原稿用紙は埋まるでしょう。「今後の日本経済の行方を占う安倍政権」もなんとか……「今後の日本経済の行方を占うアベノミクス」→「今後の……アベノミクスの三本目の矢」→「アベノミクスの金融緩和による副作用」となってくると、原稿用紙を埋めることができるでしょうか？

おそらくテーマが細かくなればなるほど、原稿用紙を埋めることが厳しくなると思います。その分野に関する具体的な知識、すなわち「先行研究」をどれだけ知っているかが問われてくるからです。

新書→選書→学術書→学術論文の順番で鉄板の中野流「芋づる式」読書法

今、先行研究の話をしましたが、実務家が最も戸惑うのが、この先行研究の存在です。論文と、企画書や報告書の最大の違いがここにあります。通常、過去に誰が何を言ったのかなど、企画書や報告書に詳しく書く人はいないでしょう。私自身、大学教員への転身を考えているビジネスマンから「なんで大学の先生って、あそこまで先行研究にうるさいんですか？」という質問を何度もぶつけられました。

ただし、冷静に振り返ると、先行研究を調査することにも、ビジネスマンや役人の仕事と非常に類似した部分があります。なぜなら、新しい企画などを考えるときには間違いなく過去の事例を参照しているからです。そうでなければ、会社が過去の仕事の資料を残す意味などないでしょう。

先行研究の調べ方にも要領があります。要領さえわかれば、それほど苦労なくできます。これから、その「要領」をお話しします。

たとえば、まったく何の知識がないにもかかわらず、「日本の古都の景観保存について」という分野で論文を書くことになったとしましょう。

① ネットか書店で参考文献を探す。

誰でも必ず、参考文献を探すために書店に向かうか、ネット検索するはずです。これは先行研究の調査と同じです。こういう場合、いきなり難しい論文など読まないでしょう。最も効率的なのは、まず、**読みやすそうな新書を読んでみる**ことです。文章がわかりやすく要点がまとまっているからです。これでなんとなく景観保存について知ることができます。

② 参考文献が豊富な新書を選んで読む。

新書の選び方ですが、出版社名や著者名も重要ですが、**巻末に参考文献を丁寧に掲載しているものがベター**です。参考文献が提示されたものは、次の文献への道しるべになるからです。

新書に掲載されている参考文献は「権威のあるもの」「わかりやすいもの」などさまざまですが、「景観の分野ならこの本や論文は読まないとモグリだよ」と言われるような必要文献が提示されています。

③ 新書の参考文献の中から「選書」を選んで読む。

新書でその分野についての相場観ができたら、巻末に掲載されている文献を眺めたうえで、少し難しそうな文献に挑戦してみるのです。いきなりハードカバーの学術書に進む方法もありますが、私がお勧めするのは「選書」です。

講談社や新潮社には「選書」と呼ばれるソフトカバーの少し難しそうな書籍があります。**選書は新書よりも難しいですが、学術書よりははるかに読みやすい**ので、それほど行き詰まらないはずです。なお、値段は新書よりやや高めです。

④ ハードカバーの学術書を借りて読む。

ここまで来ると、次はハードカバーの学術書を手にとってみます。学者として言うのは憚られますが、買うことはお勧めしません。値段も高いですし、読みにくいために途中で放り投げるリスクがあるからです。まずは図書館で借りてみるのはどうでしょうか？

それでよければ、購入するのがよいでしょう。

なお、**学術書は絶対に精読すべき**です。なぜなら、学者は学術書には多大なエネルギーを費やしているからです。学術書は専門家が読みますので、出来不出来はインナーサークルでの評価に直結するからです。また、引用方法や記述を間違うとクレームを受ける恐れがありますので、それだけ慎重に編集します。私自身、書くことは大好きですが、学術書の最後の校正にはものすごいエネルギーを費やします。

⑤ 選書や学術書に掲載されている学術論文を読む。

ここまで来たら最後に、選書や学術書に掲載されている学術論文を読んでみます。学術論文は完全に専門家向けに書かれていますので、それなりの相場観や専門知識がないと読めません。また、学術論文は最新の研究を扱うのが一般的です。最新の研究を知るためには過去の研究動向を知っていなければいけません。そんなこともあって、学術論文は最後に読むべきものなのです。

ここまで進むのにどれだけ時間がかかるか？　それは人それぞれです。ただ、物事には順序があるということは忘れてはいけません。そのため時間も多少はかかります。しかし、時間をかけた調査はそれだけ分厚い。ネットで一時的に調査した単なる情報通とは明らかに違います。仕事でも調査には時間をかけるでしょう。

なお、私はこの方式を「芋づる方式」と呼んでいます。**一つの参考資料から次々と探り当てていく**というやり方です。これに対して「アットランダム式」「手当たり次第式」というやり方もあるようです。ネット検索する、とにかく図書館に行くというやり方ですが、あまりにも非効率なのでお勧めしません。

4 大学教授だけが知っている少ない時間でインプット量を倍増させる三つの読書法

情報を収集できたなら、今後はこれを読むというインプットの作業が必要です。インプットの作業は時間に依存します。暇な時間があれば読書ができますが、忙しいビジネスマンにはそんな時間はありません。効率的に読むといっても限界はあります。

ここでは、私が役人時代に学んだ効率的読書法や学者時代に見つけたノウハウを紹介したいと思います。少ない時間で効率的な読書をするための鉄則は次の三つです。

① 最も重要なのは、読むに値するか、値しないかを判断することです。

② 書籍か論文か、書籍の種類によって読む方法を変えます。

③　読むべきものはじっくりと精読します。

この三つのノウハウを順次、解説していきたいと思います。

①　読むに値するか値しないかを判断する

まず、読書法の基本中の基本は、必要なものと不必要なものを仕分けすることです。そのためのファーストステップは、**「どういう文書を読まなければいけないか」**という大まかな相場観を養うことです。

たとえば、どんな専門分野でも**「この分野では○先生の論文は必須でしょ」という著名な論文や書籍が必ずあります。**学者の世界では、そういう論文や書籍を参考にしていなければ、学者としてはモグリと思われてしまいます。

まずはそういう書籍や論文は見落とさずに読むことが重要です。

では、どうやって必須の文献かどうかを見分けたらいいのか？

秘訣は簡単。専門家に聞くことです。マーケティングを勉強したいと思ったら、マーケティングの専門家に聞くのが最短です。専門分野によりますが、専門家の中で最も良いのはやはり、大学教員でしょう。

大学の先生は専門知識でメシを食っていますので、その分野の文献については完璧に近い知識を持っているのです。そういう意味では、社会人大学院に入学するのは大きな意味があると思います。

独学が辛いのはこういうケースです。**独学の場合でも「どれが必須の文献か」を知ることはできるのですが、知るまでに時間がかかります。**指導教授に聞くと一分ですむ話でも、自分一人で調べるとなると、いくらネットを有効活用したとしても、数日で終わらせることも難しい。時間がないなかで不要な書籍を読むことのロスはものすごく大きい。それをまず自覚すべきです。

難解なだけで中味のない本を手に取り、何日間も費やした挙げ句に、得られた知識は非常にあやふやという経験は誰にでもあります。値段が高いと最後まで読もうとする。難解なだけに理解しようとする。ここに真面目な性格が加わると、ものすごい時間とエネルギーのロスになります。

こんなことを言うと学者に怒られそうですが、学術書は読み手・読みやすさが考慮されていません。編集者のことは知りませんが、著者は専門家としての認知をおもなターゲットにしていて、誰も一般大衆に広く読んでもらうことなど目指していないと思います。

こういうことを考慮しても、やはり参考文献の掲載された新書がお勧めです。新書を出すくらいの著者は一般的に名前が確立されています。そういう専門家が提示している参考文献ですから「これは必須文献だ」と判断できます。とにかく、**何かを書くつもりで参考文献を買うのであれば、巻末に参考文献のついたものをお勧めします。**

また、新書は値段が安いし、分量がそれほどでもないので、失敗しても損失が非常に少ない投資であることもメリットです。

② 書籍の種類によって読む方法を変える

読書の方法は書籍や論文かによって異なります。書籍と論文では構成と量がまったく違いますので、それぞれで違った読み方をします。

書籍は五百ページくらいの分厚いものがあるのに対して、論文はわずか数枚〜せいぜい十枚程度（一枚＝一千六百字として）です。

〈一般書籍は、「目次読書法」〉

まず、本の読み方から解説します。

本の効率的・効果的な読み方のポイントは目次にあります。なぜなら、目次はその書籍の論理展開をそのまま露骨に示したものだからです。

実際問題として、書き手としての自分を想像した場合、最も凝るのは目次です。ちなみに、量が少ない論文の場合には目次はありません。博士論文などの大作になると目次をつくりますが、一般の論文では目次は不要です。

私が厚労省などで見てきた「優れた読書官僚」たちは、こういう書き手の心理がよくわかっているため、まず目次を見ていました。霞ヶ関では大量の資料を一定時間内に読むことが求められます。こうなると効率的な読み方を求められますので、必然的に目次読書法が身につくのです。

目次の構成が理解できれば、その本が扱う中味がおおよそ想像でき、どこを読めばいいのかおおよそわかってきます。長い文章でも、その中で読むべき箇所はわずか数ページしかないこともあります。そのため、できる官僚の多くは目次をまず凝視するのです。

たとえば、とにかく幅広く環境問題を知りたいと思えば、目次を見てどういう章立てになっているかを見ればいいのです。

専門書の場合には「経済的視点からの環境」などの特定の視点からの章立てになっているのに対して、新書では「第一章　環境問題とは、第二章　さまざまな環境問題……」というように、幅広い視点が提示されているはずです。

章立てよりも、面白そうな小見出しが並んでいるかどうかで判断する人もいますが、あまりお勧めしません。本をつくる側は面白い小見出しで相手を惹きつけたいと思うので、ついつい煽り調になってしまうからです。

目次だけで自信がない場合には、特定の章をじっくりと見てみます。小見出しになっているのもあれば、少し分厚い本だと「項」になっているはずです。数字だけで表している場合には「1」「1-1」という表現になっています。それを少し読めば、その本のレベルは大まかに理解できると思います。

それでも不安が残るというのであれば、該当部分を広げてみることです。そのうえで、パラグラフで絞り込んで読みます。新書は読みやすさから頻繁に改行していますので、いくつかのパラグラフをまとめて読むのに対して、学術書などは一つのパラグラフで十行以上続くときもありますので、パラグラフを読んだだけでも相応のヒントは得られます。

ちなみに、**目次読書法は「どの書籍を読むべきなのか」という読書の基本にも非常に役立ちます。**

「積読」（ツンドク）という言葉が最近流行っています。とりあえず興味のある書籍を買って机に積んでおくという意味だそうです。値段のわりに書籍は役立つお買い得品だと思いますが、こういう本の買い方ができるのは、プロの読書家やマスコミ関係者あるいは学者くらいです。なぜなら、かれらは本を読むのが仕事だからです。

それと同時に、露骨な話ですが、書籍代を経費なりで落とせるからです。大学教員の場合には研究費が支給されますので、それで必要な文献を購入できます。こういう場合には、幅広く関連書籍を購入しますので積読ができるわけです。

しかし、一般のビジネスマンにはそんな余裕はないはずです。そのため、書店で立ち読みしながら、短時間で「この本は役立つか」「この本は必須の文献か」を判断しなければいけません。

そんなとき、目次読書法は大きな力を発揮します。昨今では座って本を読むことができる書店が増えましたが、それでも本選びに何時間もかけることはできません。そんなとき、目次だけで判断できるのであれば時間短縮に効果的です。

〈論文は、大学教授式「ACI読書法」〉

論文には目次がありません。そのため目次読書法はできません。しかし、学術論文の場合には、幸いなことに必ず**Abstract（要約）**がついています。そのため、これを読めば論文の大まかな概要をつかむことができます。

また、都合がいいことに要約は文頭にあることが多いので、探すのに苦労することはありません。ちなみに、英語論文も同様に文頭に要約がついています。

要約を読んで「これだ」と思えば全文を通しで読みますが、大半は「読むべきかどうか」と悩みます。要約だけでは容易に判断がつかないからです。その場合、次に読むべきなのは**Conclusion（結論）**です。結論にははっきりと帰結が書かれているはずだからです。

それでも全体が把握できない場合には、**Introduction（導入部分）**を読みます。導入部分には、その論文でどういうテーマを扱うかが大まかに書かれていますので、要約や結論でぼやけた部分もはっきりします。

それでもわからない場合にはじめて、文章全体を読むようにするのです。

この読み方は英語論文を読むときに最も力を発揮します。参考文献は日本語だけとは限りません。最先端の研究などは英語文献が多いからです。こうなるとひるむ人がたくさん出てきます。短時間で大量の英文を読むことが億劫だからです。

そんなとき、

Abstract（要約）→

Conclusion（結論）→

Introduction（導入部分）

という読み方をすれば、それほど時間を費やすことなく英文を読むことができます。

〈論文のもう一つの効果的な読み方、「キーワード読書法」〉

もう一つの効率的な読み方は、**キーワードを見つけてそれを中心に読む**ことです。この読み方は少し長めの報告書などにも活用できます。

論文には必ずキーワードがあります。また、そのキーワードの定義を厳格にするのが、

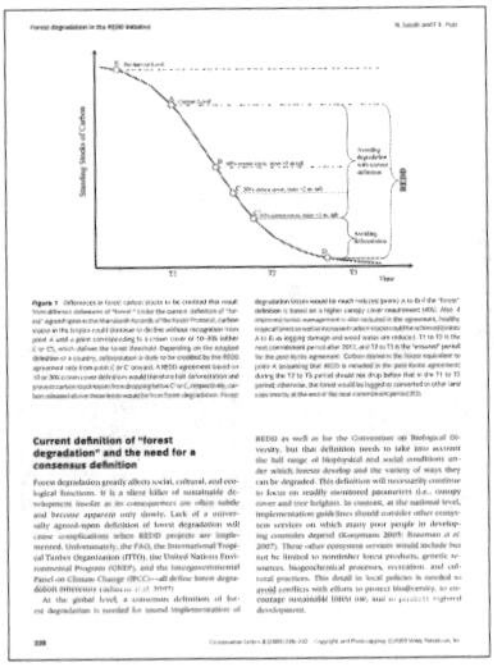
Current definition of "forest degradation" and the need for a consensus definition

Potential exclusion of forest degradation

CONCLUSION

Acknowledgments

Supporting Information

References

資料③英語の論文例

資料出所：上記の論文は、私の同僚でもある兵庫県立大学大学院応用情報科学研究科の佐々木ノピア准教授が国際的な学術誌『Conservation Letters』に投稿した論文であり、掲載にあたっては佐々木准教授から承諾を得ています。

POLICY PERSPECTIVE

Critical need for new definitions of "forest" and "forest degradation" in global climate change agreements

Nophea Sasaki[1,2] & Francis E. Putz[3]

[1] Harvard Forest, Harvard University, Petersham, MA 01366, USA
[2] Graduate School of Applied Informatics, University of Hyogo, Kobe, Japan
[3] Department of Biology, University of Florida, Gainesville, FL 32611, USA

KEYWORD

Carbon emissions; carbon stocks; conventional logging; definition of forest; forest degradation; illegal logging; REDD; RIL; tropical forestry; UNFCCC.

Correspondence

Nophea Sasaki, Harvard Forest, Harvard University, 324 North Main Street, Petersham, MA 01366, USA. Tel: (978) 724-3302; fax: (978) 724-3595. E-mail: nsasaki@fas.harvard.edu

Received: 14 January 2009; accepted 15 June 2009

doi: 10.1111/j.1755-263X.2009.00067.x

ABSTRACT

If global policies intended to promote forest conservation continue to use the definition of "forest" adopted in 2001 by the United Nations Framework Convention on Climate Change (an area of >0.05–1 ha with >10–30% cover of plants >2–5 m tall at maturity), great quantities of carbon and other environmental values will be lost when natural forests are severely degraded or replaced by plantations but technically remain "forests." While a definition of "forest" that is globally acceptable and appropriate for monitoring using standard remote sensing options will necessarily be based on a small set of easily measured parameters, there are dangers when simple definitions are applied locally. At the very least, we recommend that natural forest be differentiated from plantations and that for defining "forest" the lower height limit defining "trees" be set at more than 5 m tall with the minimum cover of trees be set at more than 40%. These changes will help reduce greenhouse gas emissions from what is now termed forest "degradation" without increasing monitoring costs. Furthermore, these minor changes in the definition of "forest" will promote the switch from degradation to responsible forest management, which will help mitigate global warming while protecting biodiversity and contributing to sustainable development.

INTRODUCTION

Forest degradation and deforestation are distinctly different processes. While deforestation involves the conversion of forests to another land cover types, degradation results when forests remain forests but lose their ability to provide ecosystem services or suffer major changes in species composition due to overexploitation, exotic species invasion, pollution, fires, or other factors (Millennium Ecosystem Assessment 2005). Over the past decade, tropical deforestation globally resulted in the release of an estimated 1.1–2.2 PgC/year (Houghton 2003; Achard *et al.* 2004; Gullison *et al.* 2007) (1 PgC = 10^{15} gC); forest degradation is thought to have resulted in similar emissions (Gaston *et al.* 1998), but the data are more limited (but see Nepstad *et al.* 1999; Asner *et al.* 2005; Gibbs *et al.* 2007). Unfortunately, due to political instability and governance failures, wildfires as well as the uncontrolled and often illegal logging that result in forest degradation continue unabated in much of the tropics (Hembery *et al.* 2007; Meyfroidt & Lambin 2008). Our concern is that while forest degradation is recognized as a major problem, it is mostly being disregarded by the United Nations Framework Convention on Climate Change (UNFCCC) partially because of the way they defined "forest."

The possibility of compensating developing countries for reduced emissions from deforestation and degradation (REDD) was proposed in 2005 by the governments of Papua New Guinea and Costa Rica at the 11th Conference of Parties of the UNFCCC. As the roles of tropical forests in sustainable development and global warming become increasingly apparent, progress is being made toward including REDD in the post-Kyoto Protocol climate change

226　Conservation Letters 2 (2009) 226–232　Copyright and Photocopying: ©2009 Wiley Periodicals, Inc.

N. Sasaki and F.E. Putz　Forest degradation in the REDD initiative

agreement (IISD 2008; Miles & Kapos 2008). Negotiations on this agreement are scheduled to be completed by December 2009 (UNFCCC 2008), which means that discussions about the broader issue of defining forests and debates over the inclusion of forest degradation need to be resolved very soon.

Here, we discuss the problems regarding the definition of "forest" adopted in 2001 under the Marrakesh Accord of the Clean Development Mechanism (CDM; see UNFCCC 2002), lack of a consensus definition of "forest degradation," and the potential exclusion of forest degradation in the post-Kyoto agreement (Neeff *et al.* 2006). We also provide explicit and readily implemented suggestions for addressing these problems so that the outcomes of the new agreement are more likely to include real carbon emission reductions while promoting sustainable forest management and contributing to the welfare of forest-dependent people.

Current definition of "forest" and the need for a new or revised definition

According to the CDM of the Kyoto Protocol, a "forest" is an area of more than 0.5–1.0 ha with a minimum "tree" crown cover of 10–30%, with "tree" defined as a plant with the capability of growing to be more than 2–5 m tall (UNFCCC 2002). Participating countries can choose from the specified ranges for a "forest" definition tailored to their needs. While we recognize that any definition suitable for global application will necessarily be composed of a very few easily measured parameters, we fear that continued use of this particular definition will jeopardize many forest values, including carbon. Furthermore, the CDM forest definition inadvertently allows continued unsustainable exploitation of forest resources principally because natural forests and plantations are not differentiated (about which we have no more to say) and because thresholds for crown cover are so low that the carbon consequences of continued indiscriminate extraction of commercially valuable tree species are not officially recognized (Figure 1).

By setting the lower limit of tree crown cover at 10 or even 30%, degradation leading to substantial reductions in standing stocks of carbon will be allowed to continue without causing deforestation (point A to points C and C' on Figure 1). The consequences are worse if the minimum height to which "trees" must grow is set at only 2 m rather than 5 m (Table 1), but in any case, the loses of both carbon and other forest values are substantial. These losses have attendant negative impacts on about 2.7 billion forest-dependent people (Koopmans 2005) as well as the rest of the planet. Furthermore, the permitted practices that lead to these losses (e.g., illegal, unsupervised, and unsustainable logging as well as rampant wildfires) also subvert the UNFCCC's goal of reducing net emissions from developed countries while promoting sustainable development in the rest of the world.

In defense of the UNFCCC negotiators' choice of tree crown cover as one of the principal parameters describing "forest," it is worth noting that this forest feature plays a vital role in biosphere and atmosphere interactions (Ozanne *et al.* 2003), that canopy cover can be readily monitored using standard remote sensing techniques, and, finally, that it is a major component of the definition of "forest" that has been used for decades by the Food and Agricultural Organization (FAO) of the United Nations. Nevertheless, it is important to note that whereas the FAO uses a minimum threshold of 40% tree crown cover to define "closed forest" (and 10–40% for "open forest"; FAO 2000), the UNFCCC left it to each country participating in the CDM to select a minimum threshold of only 10–30% (for the minimum canopy covers and tree heights selected to define "forest" by signatory countries see Table 1). Although by selecting the UNFCCC's higher minimum (i.e., 30%) to define "forest" a country would potentially have more land area eligible for reforestation or afforestation under the CDM (Verchot *et al.* 2007; Zomer *et al.* 2008), many chose a lower option. We suggest that in keeping with the FAO and in recognition of the fact that open forests (10–40% tree crown cover) are generally more fire-prone than more closed canopy forests (e.g., Cochrane *et al.* 1999) and are otherwise ecologically different, the UNFCCC should differentiate the two in the agreement being designed to replace the Kyoto Protocol during the second commitment period starting in 2012.

These changes in the "forest" definition used by the UNFCCC are critical because, unlike the first commitment period (2008–2012) during which compensation is only available for increased carbon stocks resulting from afforestation and reforestation, the post-Kyoto REDD approach is intended to provide compensation for the protection of forest carbon stocks. If REDD becomes a reality, then the question "what type of forest do we want as an outcome of the agreement?" remains to be addressed. If we want functioning forest ecosystems with their full complement of biodiversity, then forests should not be allowed to be converted into plantations or to otherwise lose large proportions of their carbon stocks or species. Avoiding these forms of degradation will be promoted by adopting a new definition of "forest."

Conservation Letters 2 (2009) 226–232　Copyright and Photocopying: ©2009 Wiley Periodicals, Inc.　227

一般的です。そのため、キーワードを熟読するだけで、その論文のおおよそのことは理解できます。

英文資料の場合もこれは同じです。私はこれまで二度、ＩＬＯ（International Labor Organization）国際労働機関を担当したことがあり、国際会議にも何度か出席しました。そのため、会議用の英文資料を読むのが仕事でしたが、こういう資料にも必ずどこかに議題を読み解くキーワードがあります。

文中何度も使われていたり、イタリック体になっていたりするなど、キーワードが目立つようになっていました。そのキーワードを見れば、その文書が自分に関連したものかどうかの見分けがつくし、キーワードを理解することで、英文全体の理解もスムースになりました。

その意味では、このキーワード読書法は、より大量の文書を短時間で読み解くときに最も効果を発揮すると言えます。

③読むべきものはじっくりと精読する

最後に三つ目の読書ノウハウである精読について解説したいと思います。私が提案する精読は、単にじっくりと読むというのとは異なります。もう少し実践的なものです。

通常、**精読しないときに生じるリスクは「読み落とし」と「誤読」です**。多少なりとも知的な職業に就いている人であれば、両者のリスクはわかると思います。

私自身は役人時代を通じて、誤読や読み落としで責任を追及される怖さを身をもって経験してきました。たとえば、薬害や感染症などの問題では、「日本よりすでに○○年前に外国の学会誌でその危険性が指摘されているのを見落とした」という批判を受ける可能性は常にあります。カバーすべき書類を読まなかった、もしくは読んだが要点をつかめていなかったという誤読や読み落としが命取りになる典型的なケースです。

時間がない中で大量の文書を読まなければいけない一方で、読み落としや誤読は避けなければいけない。それは学者になってからも同じです。

他人の文献などを要約する場合には、少し間違っていただけでも批判を浴びる恐れがあります。そんな状況の中で編み出してきた精読法です。

1　報告書や論文を読むことは読書ではないと割り切る

まず、基本的な考え方は、報告書や論文を読むことは読書ではないと割り切ることです。もとより、楽しみで読むのではありません。仕事で読むのでありミスは許されないと割り切る覚悟を持つことです。そうなると冷静に客観的に読めます。

2　安易な速読をしない

短時間で大量の文書を読むためには速読が必要ですが、写真をめくるような読み方では頭にきちんと入らないと思います。**どこかで立ち止まるような読み方をしないと、重要な箇所を読み飛ばす恐れがある**ので要注意です（もちろん、恐ろしく頭脳明晰な方や特異な能力のある人は別です。速読はたまたま私にはできないということです。速読を否定・批判しているつもりはありませんので、念のために付け加えておきます）。

たとえば、接続詞や「てにをは」の書き方次第で、文章の意味がまったく異なるということはよくあります。それは自分自身が書き手になればすぐに気づくことです。

私自身、最もこだわるのは句読点と「てにをは」です。不思議なことに、書けば書くほどこだわりが増えるのです。そのため、「これは読まなきゃいけない重要論文だ」と思ったなら、些細な接続詞などを見落とさない読み方をすべきでしょう。

ビジネスマンの場合、辛いのは限られた時間で大量の文書を読まなければいけないことです。**制限時間がある場合には、論文や書籍全部ではなく、どこがキモかの当たりをつけてから精読するのがベターでしょう。**

そのうえで腹を据えて開き直ることです。誰にでも見落としはありますし、誤読はあります。指摘されたら謝るという覚悟で臨むしかありません。

読むために書く。
一流の読書家になるためには、自ら書くという行為が欠かせない

これまで紹介してきたいくつかの読書法を身につけるためにはどういう訓練が必要でしょうか？　学者先生に怒られそうですが、あえて言います。

「他人の文献は、あくまで自分の仮説を証明するための補助剤」と割り切ることです。他人の書籍や論文を読んで「すごいなぁ」と感心しているだけではいけないのです。

その書籍や論文を、自分の論文にどう生かすかを考えながら読むのです。**自分で何かを書くために読んでいるという感覚がない限り、効率的な読書法は生まれてきません。**

自分で書くとなると、それだけ責任感や危機感が生まれます。そのため、資料探しに必死になりますし、探した資料の中から少しでも役立つものを必死に選ぼうとするため、そ

れだけ切羽詰まった読書をするようになります。

読書をしながら重要部分に下線を引くのは一般的ですが、多くの人は感動した部分などに漠然と下線を引いています。それに対して、自分の本を書くために読んでいると、**引用などの形で利用できそうなところに下線部を引くようになります。**

やや極論かもしれませんが、ビジネスマンの場合、日常の仕事では**「報告書の周りに金が落ちている」というくらいの気構えで臨むのがいい**と思います。効率的に読書して優れた報告書を書けば、会社の業績が上がる、自分の給料が上がるくらいの気構えで読むと、読書や資料探しにも熱が入ります。

また、自分で何かを書く癖がつくと、書き手の視点から文章を読むようになるため、**報告書の意図や著書の意図も見抜けるようになる**という効果があります。

受け身で読書をしていると、その本に影響されるだけですが、**自分で書くために読書をするようになると、そのような受け身の姿勢はなくなる**ということです。それどころか、「どうも論点がまとまっていない」とか「この著者はここをごまかしているなぁ」など、著者の痛い部分まで見抜けるようにさえなります。

さらに、自分で書くことを前提に読書すると、**他人の文献などは所詮、自分の論文のための参考資料だと見なせるようになる、**というメリットがあります。

ただし、これも受け身の読書と関連しますが、ビジネスマンの仕事は他人の仕事を猿真似することではありません。たとえば、報告書や企画書づくりの場合、他人の報告書やデータを基礎にして自分独自の報告書をつくり上げるのが最大の目的です。

自分独自の報告書やプレゼン資料をつくり上げるからこそ、仕事も楽しいものになるのです。他人の報告書を丸写ししても何も楽しいことはありません。また、他人の報告書と類似していると、どれだけ完成度が高くても周りの人に感動やインパクトを与えません。

できる官僚が実践する断捨離読書術

「他人の文献・資料など自分の論文の補助剤にすぎない」という考えが身につくと、もっと大きな効果が出てきます。それは不必要な書類を迷うことなく捨てることができるということです。

仕事を真面目にこなす人の中には、とにかく神経質にさまざまな資料を集めすぎるという人がいます。真面目な日本人ビジネスマンの場合、こういうタイプは社内にあふれています。こういう人は上司には非常に使い勝手がよいときがあります。困ったときに「おーい、あの資料はどこにいったっけ？」と尋ねると、どんな文献・資料でも出てくるからです。

しかし、そういう人に限って仕事がはかどりません。資料や文献が多すぎて、頭の中の整理がつかずに、容易に書き進められないのです。

資料や文献が重要なことは誰も否定しませんが、限られた時間の中で多くの仕事をこなさなければいけない場合、膨大な資料は足かせにしかなりません。

それに対して、**他人の文献・資料は自分の論文の補助剤と思えるようになると、資料や文献の断捨離をあっさりとこなせます**。たとえば、分厚い学術書を書くためには相当の資料を集めますが、私の経験では三分の二程度は使えません。

とにかく使える可能性のあるものは徹底的に集める。そのうえで精査してみると、自分の仮説を補強するのに使えるのはせいぜい三分の一程度です。そのため、ばっさりと三分の二の資料は捨てるのです。いつまでも未練がましくとっておくと、仕事がまったく進まないからです。

ここで、私が厚労省などで見てきた文献・資料の断捨離の達人を二人紹介しようと思います（さまざまなところで話しているので、すでにその話は聞いたよ、という方もいるかもしれませんが）。

一人目は、大きな仕事に一区切りついたら、必要最低限の資料や文献は残して、残りの資料は**徹底的に破って捨てる**という人です。その人は土日に役所に出てきては、黙々と資料を破り捨てていました。

当時は紙媒体で仕事をするのが一般的でしたが、大量の書類を定期的に廃棄していたこともあって、机の上は驚くほど綺麗でした。机の上が綺麗な人＝仕事ができるという法則は本当なんだと、妙に感心していました。

もう一人は、無駄な資料や報告書を探したり保管するよりはと、より効果的な統計を探していた人です。そうやって、**最初から集める資料の数自体を少なくしていた**わけです。

とにかく報告書や資料は枚数が多ければいい、という変な量志向の人はどの世界にもいます。汗の量で仕事の質を補えという発想です。しかし、量が無駄に多いよりは、報告書や資料はインパクトがあるほうがいい。そして、読みやすくてわかりやすいほうがいい。

インパクトのある資料・報告書をつくるために最も効果的なのは、インパクトのある数字を並べることです。難しい文章をどれだけ書いても響かないが、インパクトのある数字は見ただけで相手に訴えかけるからです。

5　集めた情報をいかに整理するか？大学教授式情報整理術

情報整理力を磨くノウハウ、三つの軸

仮説を立てて必要な情報を収集すれば、これでほぼ論文を書く基礎はできあがったと言えます。しかし、ここからまだまだ辛い部分があります。最初の関門は集めた情報をどうやって整理していくかです。

仮説が決まり、論文を書くための資料も集めて、いよいよ書こうという段階になると、どういう角度でまとめようか、どういう項目で整理しようか……と悩み出すのです。ひとことで言えば、頭がモヤモヤしている状態です。

できそうでできない……のでイライラする。ビジネスマンなら誰でも企画書づくりでそんな経験があるはずです。

まず、未知の分野で企画書をつくれと言われると、何の予備知識もないだけに立ち尽くす状態となります。何をやったらいいのか、どうとっかかりをつくるのか、何にもわからないので呆然とします。オフィスでこういう新人をたまに見かけます。

それに対して、さまざまなことを調べ尽くして知識がたまったとしても、これまた不思議なことに頭をかかえ込みます。書きたいことが多すぎる、何をどういう順番で書いたらいいかわからない——今度は知識過多で立ち尽くしてしまうわけです。

この状態は、ひとことで言えば「頭が整理できていない」ということです。知識はたくさんあるが、どうもうまく整理できない。そのため、スーッと腑に落ちないのでストレスがものすごくかかる……。

私などは慢性的にこういう状態です。学者は考えることが仕事です。あらゆる側面から物事をかき混ぜますので年中頭が混乱していて、どうにもこうにもすっきりしないのです。「Aである」と言い切らないのが学者です。「いやBという可能性はないか？　Cという見方もできないか？」とこねくり回すため、思考が泥沼に入っていき、頭の中がますます混乱するわけです。一種の職業病のようなものです。

私のこれまでの経験では、情報整理力を磨くノウハウの基本は、

①　時間
②　整理軸
③　場所

の三つです。順に見ていきましょう。

①「時間」から見たノウハウ

時間から見たノウハウは、さらに三つに分かれます。

1　時間をおく

前日に頭の中にパンパンに情報を入れて寝てみてください。翌日起きると、意外と前日にわからなかったことが綺麗に整理されたりしています。**大量に情報を入れて数時間置く**ということです。

睡眠時間がどれくらいは個人差がありますが、極端な睡眠不足はマイナスでしょう。この点、辣腕コンサルタントが睡眠時間を削って長時間働いているのには驚きます。ああいうのは一部の能力のある人だけができることであって、真似るべきではないと思います。

2　制限時間を設ける

「○日までに必ず企画書をまとめる」というデッドラインをつくると、無理矢理にでも情報を整理せざるを得ません。情報整理をしないのは、どこかに怠惰な気持ちがあるからです。デッドラインはそれを消します。

3　短時間で要約して説明する訓練を繰り返す

これは究極の「切羽詰まって追いつめられている」という時間環境の有効利用です。三時間後に役員会でプレゼンすることが突然決まった、などというのは最高です。それも与えられた時間は五分。必死になって「どうやれば短時間でうまく説明できるか」「わかりやすい説明ができるか」を考えますので、知らず知らずのうちに情報整理力が研ぎ澄まされます。

②「整理軸」から見たノウハウ

情報整理には、定型的なさまざまな「型」があります。フレームワークといったほうが、ビジネスマンには、馴染みがあるかもしれません。さまざまなものが、ビジネスの現場で多用されているはずです。

中でも、**最もシンプルなのはマトリックスです**。縦軸と横軸にそれぞれの価値基準を配置すると、どんな物事も共通の基準で四つに分けることができます。マトリックス以外にもツリー思考、マインドマップなど、整理ノウハウはたくさん開発されています。

この整理軸での最も大きなポイントは、整理軸として何を選ぶかです。「あなたのパートナーをひとことで言うと……」という場合、最もわかりやすい整理軸は、「外見」「性格」の二つでしょう。「僕の彼女は綺麗なんですが、性格が悪くて……」という説明はシンプルですっきりします。

整理軸は最大公約数的で、さまざまな情報を包み込めるものが最適です。その意味で、抽象的な視点が最もよい。「効率性」「効果」「損得」などという視点は、その意味で使い勝手がいいのです。ビジネスに限らず、こういう切り口は抽象的なだけに間口も広いというわけです。

なお、**マトリックスなどの整理法で重要なのは、自分の信念です。**

視点というものには客観性などありません。パートナーをどういう視点で見るかなどに正解はないのです。ですので、考え尽くして出した結論なら悩まないことです。

学者の世界でもこういうことはあります。

たとえば、環境政策の研究をしたとしましょう。意地の悪い教授なら必ず「国際比較をするべきだ」と言います。比較というのはどんな分野でも有効な手法ですが、国際比較は厄介です。なぜなら、他国の事例を調べるのはそれだけ時間がかかるからです。

しかも、嫌味の極地のような人であれば、米国などの先進国だけでなく、中国などの新興国、アフリカの発展途上国も必要かもしれないと言い出す可能性があります。

たしかに、すべての国を詳細に調べ上げれば、抜け落ちている部分は少なくなるでしょうが、こんなことをやっていると、そもそも論文など書けません。

そんなときには「僕の論文の目的は○○です。そのための視点は△△です。ですので、この場合には国際比較は必要ないと思います」と、きっぱりと断るのがベストです。

③ 場所を変える

アイデアを探しているときと同様、情報をうまく整理できないときにも、「場所変え」は非常に有効な方法となります。私の場合、頭がモヤモヤするときは、とにかくＰＣに自分の今の考えを打ちつけます。それをプリントアウトした後、ペーパーを見ながら考え尽くします。自宅で考えたり、研究室で考えたり、ふだんの通勤経路とは違うルートを通って考えたりと、方法はそれぞれです。

ポイントは、ほとんど骨格が固まりかけている段階で、モヤモヤ感をうまく結晶化させるために、ＰＣの前で黙々と打ち続けるのか、それともまだＰＣに向かわずに、ペンと紙を持ってソファーで寝ころびながら、なんとなくメモを書き連ねるのか、どちらを選択するかです。

アイデアが湧かない時点でＰＣに向かうのは時間の無駄です。

ただ、アイデアが固まり、資料も揃い、頭のモヤモヤ感がなくなれば一気に進むという場合、**ＰＣの前に座って論文の目次や章立てを打ちつけるのがよい**と思います。この段階まで来ると、意外と頭のモヤモヤよりも指先が先に動いているケースもあるからです。

6　仮説を「実証する」プロセスでは、統計学がものを言う。ビジネスマンの統計は甘すぎる？

大学教授とビジネスマンを分け隔てる最大の要素は、実証方法

大まかなテーマや仮説が決まり、関連の文献などの情報収集も終わり、頭の中もほぼまとまります。ＰＣに向かって言葉を打ちつける。オフィスで書く企画書や報告書の場合、この手順で間違いはありません。

しかし、論文の場合には、ここからのプロセスがやや異なります。仮説を実証するためのプロセスがたいへんなのです。ただし、企画書や報告書と基本は変わりませんので、安心してください。

具体的な例を挙げて説明しましょう。

たとえば、「我が社は家電事業から撤退し、医薬品分野に参入すべきだ」という企画書を書いたとします。この場合、家電事業がいかにマイナスか、医薬品分野がいかに有望かをさまざまな手段を使って説明しようとするでしょう。

これが実証です。おそらく、利益を出している他社の動向を分析したり、識者の意見などを企画書の中に入れて、どうにか上司や役員を説得しようとするのではないでしょうか？

論文の場合、この実証手段の精緻さなどに非常にうるさい、というのが大きな特徴です。「この方法では十分証明されていない」「このデータだけでは不十分だ」と言われないように、実証に手間暇かけるのです。

たとえば、社内用の企画書であれば、顧客満足度が高いことを実証するために、顧客からのアンケート結果として「満足している」という人が七十％を超えたといったデータをつけて、それでよしとするでしょう。しかし、学術論文の場合には、七十％の人が何に満足しているのか、アンケートを実施するときに意図的に答えを誘導していないかなど、さまざまなことを調査します。単なるグラフではなく、統計学を駆使するということになってきます。

もちろん、実証方法は統計学に限りませんから、数学や統計学が苦手でもだいじょうぶです。実証手段はさまざまにあり、**大きくは、数字を使った実証法と文献などを使った実証法に分かれます。**

数字を使った実証法としては実験・アンケートなどが挙げられます。

たとえば、「ワインは認知症に効果的だ」という仮説を実証するため、ワインを与えたマウスと与えていないマウスを比べて、その行動を観察する、などが実験です。それに対して、「景品つきならお菓子を買う人が多い」という仮説を実証するため、無作為で千人にアンケートを配布して、「景品つきで買いますか?」という項目でアンケートを実施し、その割合から仮説を実証するというのが、アンケート調査です。

どちらの調査でも統計などを使って、数字で仮説を実証することが必要不可欠です。その際には、実験は公正なものでバイアスがかかっていないかなどを証明することも重要です。たとえば、長男か次男かによる性格の違いを実証するため、わずか五組の子どもの行動を観察して結論づけるというのは、バイアスと批判されるということです。

文系の場合には、必ずしも数字を使った実証だけに限りません。代表的なものを三つあげてみましょう。

まずは、**ヒアリング**です。関係者から直接話を聞くことで証拠とするわけです。本で言えばノンフィクションと言えるでしょうか。

ヒアリングをもっと進めると、**フィールドワーク**ということになります。たとえば、文化人類学などでは、調査地域で原住民といっしょに暮らすことで、さまざまな知見を得ます。ゴリラの生態を知るために、ゴリラの近くで寝起きするというのも同様でしょう。

最後に、文系で最もオーソドックスなのは、**文献調査**です。自分が研究しようとする領域のさまざまな文献・資料を使って、自分の仮説がいかに正しいかを実証していくのです。

おそらく、オフィスでつくる企画書などは、文献と各種統計を織り交ぜながら、自分の主張を展開するというのが最も多いと思います。

統計力と英語力が不可欠な時代になってきた大学教授の世界

実証方法として何を用いるかは人それぞれですが、実証法を独学で学ぶのには限界があります。限界があるというよりも効率が悪い。大学の先生などのプロに習うほうがはるかに手っ取り早いからです。

アイデアや教養・知識は独学でも不自由はありません。さまざまな本を読みあさることで「独学の巨人」は生まれます。それに対して、**実証方法（調査手法）は独学で学ぶにはあまりにも時間がかかります。**

ヒアリングやアンケート調査といっても、これを正確にやろうと思うと、さまざまなルールがありますし、最近の研究からわかってきた知見などもあります。こういうものを独学で身につけるのは時間がかかります。

その典型が統計学でしょう。理系で数学の素養があるという人を除いては、統計学を独学でやるとなるとものすごい時間がかかると思います。私自身、数学が非常に苦手なので、何度も独学の厳しさを実感しました。

私の場合には、たまたま税金で米国の大学院に留学させてもらい、そこで統計や数学の授業をとり、学び直すことができたのですが、独学でも勉強していただけに、両者の差に愕然とする思いでした。英語で聞いても「目から鱗」のことはいっぱいあって、独学で学ぶことの限界を知ったような気がしました。

ちなみに、私の所属していたThe University of Michiganの公共政策大学院は一年次に統計や数学中心のカリキュラムが組まれていました。その意図は、政策づくりなどには統計などの客観性が重要という考えがあったと思います。

これだけ統計の宣伝をしていてなんですが、私自身は統計が苦手なので、これを駆使した論文など書いたことがありません。私の論文の多くは文献や資料を地道に集めて、それを分析していくというオーソドックスな文系手法です。

しかし、**一部の文系分野を除いては、なんらかの形で統計分析を使うというのが主流になっています。**そのため、もし余裕があれば、数学や統計をやり直すのは非常に有効だと思います。

ちなみに、昨今よく見かけるのは数学や統計学が苦手であるにもかかわらず、データを使って回帰分析するというパターンです。コンピューターソフトが発達した結果、数字を入力するだけで統計分析を自動的にやってくれるようになりました。しかし、実質的なことがわからないままの統計分析ではどこか不安が残ります。統計の基礎的な考え方などはやはり理解しておくべきでしょう。

英語も同様です。参考文献の中には英語文献もあります。**英語がわかることで読める文献の範囲はグンと広がります。**

また、引用されている参考資料や文献の中に英語文献があると、なんとなく格好いいという印象のよさもあります。巻末に英語の文献が並んでいる学術書などを見ると、それだけで「ほぉー」とため息が出るものです。

7 論文を書くうえで、ビジネスマンが不利な点と有利な点

ビジネスマンが大学教授に比べて不利なのは、思考を継続することが物理的に難しいこと

ここまで「書く」という行為の背後で、実はさまざまな能力が必要とされるということを解説してきました。これらの能力についてはビジネスマンでも学者でも変わらないと思いますが、最後に学者にあってビジネスマンにないもの、その逆についてもお話ししたいと思います。

ビジネスマンが不利なものから説明しましょう。それは**思考体力**とでも呼ぶべきものです。論文を書くためには「思考する」ことが重要です。しかし、日常生活や仕事に追われ

ていると、思考を研ぎ澄ますことは難しくなります。

最も難しいのは、思考を継続することです。ビジネスマンの場合、土日を利用して勉強したとしても、月曜日には日常に戻されます。その結果、思考が途切れてしまいます。一生懸命に考えたこともすべて忘れてしまいます。

簡単に言えば、時間をじっくりとかけて考え尽くすことができないわけです。しかも、論文や書籍の場合には、どれだけ時間をかけたのかが露骨にわかるから厄介です。

論文でも企画書でも、よく練られているものと練られていないものがあります。管理職を経験すればわかると思いますが、企画書を読めば部下の力量は一発でわかるはずです。

世間ではホワイトカラーは集団労働だから成果主義が馴染まないと言われますが、企画書を見れば実力差ははっきりします。もしはっきりしないのであれば、それは部下を評価する管理職に力量がないからです。

私自身は文章を書くことで生計を立てていますので、学生などの文章を読めば、これがコピペか自力で書いたか、教えられて書いたか自力か、どれだけ時間を費やしたかなど、大まかなことは想像がつきます。文章を書き続けていると、不思議なことにそういうことが見えてくるのです。

最もよく見えるのは、その論文なり企画書を書くためにどれだけの時間を費やしたか、汗をかいたかというエネルギーの量です。**よく練られた論文や企画書にはそれだけのエネルギーが費やされているのがわかります。**時間などエネルギーの費やされた論文は、読んでいるだけで「あっちに頭をぶつけたり」「こっちで挫折したり」という試行錯誤が文章全体からにじみ出ています。

実際、名著と呼ばれる本をじっくりと読んでみると、それが試行錯誤に満ちたものであることがわかります。さまざまな論理や可能性をすべて考えたうえで、試行錯誤のうえに自分なりの結論を導き出していることがよくわかるからです。

実際問題として、何年もかけて試行錯誤したうえで書籍を出す学者はたくさんいます。学術書籍となるとわずか一年とか半年で書き上げるのは非常に難しい。「思いついたアイデアや仮説」を何度も壊すという試行錯誤を重ねますので、やはり短期間では厳しいのです。

「大学教授は暇だ」と批判されることがあるのですが、暇がないと優れた論文や書籍は生まれないのです。もっと大きな文脈で言えば、ノーベル賞になるような大発見も生まれないと思います。暇で時間があるからこそ思考できるのであり、その思考の連続が斬新なものを生み出すからです。

時間をじっくりとかけて思考する。この点でビジネスマンは明らかに不利です。

しかし、補う方法があることも事実です。私の経験では、思考の寸断を防ぐ唯一の方法は「まとまった休日」です。土日に有給休暇を絡める、長めの夏期休暇を取得するなどすれば、一週間単位の長期間を確保できます。これだけあれば、相当の試行錯誤ができます。

もし本格的な書籍や論文を書こうと思うのであれば、まとまった休みを利用することをお勧めします。

ビジネスマンが大学教授に比べて有利なのは、実務経験を持てること

その一方で、学者に不利でビジネスマンに有利なものもあります。それは**実務経験**です。ビジネスマンの場合、日々、さまざまなビジネスの現場を経験できます。これに勝るものはありません。

学者の場合、考え続けることはできますが、現場を経験することができません。もちろん、フィールドワークやヒアリングなどを通じて現場を疑似体験できますが、ビジネスの現場で実体験するのとはまったく違います。

私自身、官僚から学者に転じて十年目になりますが、現場経験が積めないマイナスを実感しています。はっきり言って学者はたっぷり時間があります。夏休みなどは誰とも話さない日があるくらいです。そのため、深く考えることはできますが、実務経験を踏まえたひらめきはなくなっていると思います。

学者のみなさんに怒られるかもしれませんが、行政やビジネスなどは実務経験や実体験がなければわからないことがたくさんあります。教科書や論文だけを読んでわかるものでもありません。

また、一人で研究室にこもっていても、論文のアイデアや仮説などが生まれてくるわけではありません。厚労省にいたころは、毎日さまざまなアイデアが浮かんできたものでした。役所の現場は矛盾だらけで疑問がいくつも湧いてくるのです。

それに対して学者になってからは、アイデアや仮説をひねり出すのに非常に苦労しています。基本的に環境の変化や外部の刺激がないと、アイデアや仮説など生まれるものではないのです。最近になって、小説家や学者がなぜ散歩を好むのか、少しわかるようになってきました。

逆に言うと、**アイデアを生み出す源ともいうべき実体験ができることこそ、ビジネスマンの圧倒的な優位点です。**特に、実務経験が必要不可欠な分野では有利です。

ビジネススクールに入学したとして、実体験のあるビジネスマン出身の教授と教科書だけ読んできた教授、どちらの話を聞きたいでしょうか？　もちろん、理論的なことであれば後者の教授が優位だとは思いますが……。

ビジネスマンは自分が日々いかに貴重な経験を積んでいるかを自覚すべきです。そのためにも、実体験をなんとか論文や書籍の発表に生かすという視点を持つべきです。

私がやっていたのは、役所での発見・疑問・面白い現象など、**経験したことや感じたことを記録しておく**ということでした。勤務時間中にやると怒られるので、メモ帳にさりげなくメモっておき、自宅に帰ってからPCに打ちつけていました。

真面目な人は整理して綺麗にしようと思うかもしれませんが、そんなことはどうでもいいのです。持続させることをいちばんに考えるのであれば、とにかくPCにランダムに打ちつけていくことです。

このとき、**日付の記入だけは忘れてはいけません。**日付を記入しておくことで、関連の記憶が呼び覚まされるからです。

これを一ヶ月間くらい繰り返すと、相当量のメモになります。それを打ち出して休日に眺めてみるのです。冷静に振り返ってみると、興奮して書き留めただけのものもあれば、論文や書籍のネタになりそうなものもあります。ものすごく貴重なペーパーです。

繰り返しますが、経験値をどれだけ高めておくかは非常に重要です。忙しくて深く考えたり、練った論文を書いたりすることが許されないというのであれば、この経験値を主力にして逆転を狙うしかないからです。

経験は、時間のなさ、浅い分析、希薄なエビデンス、荒っぽい論理など、実務家が陥りがちな弱点を補って余りあるものです。

第6章
いかに嫌われずに「個」として目立つか？
組織にいながら大学教授を目指す人が
避けては通れないこれだけのこと

ボヤキから脱出するのが第一のノウハウ

繰り返しで恐縮ですが、ビジネスマンから大学教授に転身するためには「個人としての実績」が必要です。それがない限り、簡単に転身はできません。また、これから労働市場の流動性が高まり、グローバルな競争が激しくなるとすると、やはり個人として目立つことを避けては通れません。

けれども、「論文を書いたり、実績を残すことは難しくない。しかし、そういう行動をとると組織から睨まれる……」という懸念をいだく人はたくさんいます。そういう相談を何度も受けたことがありますし、マスコミのような個を重視する職場でさえ、個として目立つことはプラスにはならないということを聞きます。

新聞社やテレビ局に勤める人の中には、それまでの取材経験などから立派な本を書けるにもかかわらず、組織で睨まれることを恐れて書かない人が少なくありません。開放的なマスコミですらそうですから、日本ではビジネスマンをやりながら個として目立つことは非常に難しいことがわかります。

おそらく、集団労働を基本とする日本の組織では「将来を嘱望されるエース級」の人材というのは、会社に敷かれたレールの上を寡黙に歩くものだという固定観念が根強いのだと思います。

また、日本の組織では、就業規則で副業が禁止されていることが多く、複数の仕事をこなしているというのは決してプラスの評価ではないようです。

しかし、その一方で、なんとか個人として目立ちたい。そういう思いをいだいている人もたくさんいます。その結果でしょうか、「ビジネスマンとして活躍しながら個人として目立つのは無理だ……」というボヤキを聞くことが多々あります。

少し厳しい言い方ですが、ぼやく暇があるくらいなら、どうやったら両立できるのかを考えるべきです。ボヤキはストレス発散につながる一方で、自分のネガティブな行動を正当化することにもつながります。

「組織人でありながら個人として目立つ」——これを可能にするノウハウはいくつもあります。私自身が経験の中で得たものを示していきたいと思いますが、まず四つのことを確認しておきたいと思います。

① 二足のわらじを履いたとしてもクビにはならない。

会社の極秘を暴露したということでもない限り、ビジネスの経験を論文にして公表した程度でクビになるわけがありません。日本は解雇規制の厳しい国として有名です。この程度のことでクビになることはないでしょう。

せいぜい、上司や会社から「仕事にだけ邁進する人間」と思われなくなるという程度のことです。ただし、そんなことを思っている上司でさえ、「会社に依存し続けるとヤバイ」ことを自覚しているかもしれませんから、それほど厳しい態度に出ないと思います。

② 二足のわらじを履こうが履くまいが、仕事のできる人は文句を言われにくい。

仕事さえテキパキこなし実績を上げていれば、誰しもケチをつけにくいものです。特に、曖昧模糊とした終身雇用からグローバル競争の時代に移っているわけですから、プライベートなどにそれほど興味を示さない上司が増えていると思います。

③二足のわらじを履くことに伴う辛さは、それほど長くない。

最初は辛いかもしれません。上司から嫌味の一つも言われるかもしれません。しかし、タフささえあれば、周りの嫌味には徐々に慣れていきます。あなたの有識者としての知名度が上がっていけば、手のひらを返したような態度に豹変することすらあります。市民ランナーとか市民格闘家として、会社員や公務員でありながらマスコミから注目を浴び出すと、それまで冷たかった職場の態度が一気に変わるのと同じです。

④組織人として優れている人の知識や教養は、研究者にひけをとらない。

日本の組織にはラインとスタッフという明確な区分がありません。ラインの管理職がさまざまな知識で社長に助言するスタッフの役割もこなします。つまり、優れた管理職は判断業務に優れている一方で、ビジネスに関連した知識や教養も豊富なのです。

そのため、本人がやる気になれば一流学者なみの論文が書けるはずです。エース級と呼ばれる人の中には「役員になるか、教授になるか」という両睨みの人が意外と多いのではないか、と私は推測しています。そこから考えてもわかるように、二足のわらじを履くことは決して恥ずべきことではありません。

どれだけ優秀なビジネスマンでも、大学教授への転身には時間がかかる

とはいえ、ビジネスマンなどの実務家から大学教員に転身するのには時間がかかります。ビジネスマンの中には、「大学教員に転身する方法」のようなノウハウ書を読んで、即座に大学教員に転身できるのではないか、と思っている人がいるようですが、これは甘すぎます。

私自身の経験で言えば、三〜五年程度は見ておいたほうがいいと思います。もちろん、非常に優秀な人やたまたまラッキーだった人はそうではないでしょうが、大学教員のポストにそれほど空きがないことを考えると、会社から会社に移るほど短期間で転職すること

はできません。

そのため、ある程度気長に構えることが重要です。二足のわらじを履くため必死になるのはわかりますが、五年程度の長丁場になると、がんばりすぎるのはリスクが大きい。

私自身がそうでした。私が大学教員への転職を意識し始めたのは米国の留学から帰ってきたころです。その後、本格的に転職を考えるようになったのは旧厚生省の課長補佐時代。それから新潟県庁の課長時代の三年間で博士号を取得するなど、転職活動を本格化させました。

このときには、県庁の課長として働きながら夜間大学院に通って、二年で博士号を取得する一方で、せっせと論文を書いては発表していました。その傍らで、たくさんの大学の公募に応募しては落ち続けていました。

大学教員への転身を考え始めたころは、「俺はキャリア官僚だ。大学教員への転身などそれほど時間はかからないだろう」と安易に考えていただけに、いくら応募しても採用されないことに徐々に焦りを募らせていました。

そうやって、早く転職しなければ……、もうこれ以上続けると体がもたない……と思っていた矢先のことです。新潟県庁から翌年には霞ヶ関に戻る予定だった年の末、スポーツクラブのサウナで急に気分が悪くなって倒れました。

救急車で運ばれて診断を受けましたが、身体に異常はありませんでした。その後、倒れたことがショックだったのか不眠症になりました。医者には抗うつ剤などの服用を勧められましたが、これを断り、なんとか自力で治しました。

今、振り返って思うのですが、どう考えてもストレスがたまりにたまってピークを迎えていたのだと思います。「早く転職しなければ……」という焦り、短期間勝負だと思って無理に無理に無理を重ねたことが、ものすごいストレスになっていたのでしょう。

このときの経験から、少し時間がかかる目標と向き合うときには、気楽に構えることが重要だとわかりました。「三年後に転職できればいいや」というくらいの気持ちでいたほうが、意外とうまくいったりするということです。

それでもどうしても短期間でなんとかしたいと思うのであれば、**大学や研究機関と関連**

の深い部署やポジションへの人事異動を模索するというのが近道です。

中小零細企業でも、大学との共同開発などで大学教員と関わる部署やポジションはたくさんあります。また、大企業の場合には自前の研究所を持つところもありますし、調査研究を専門にしている部署もあります。さらに言えば、関連会社としてシンクタンクを持っているところもあるはずです。

こういう部署に配属されると、研究成果を出すこと自体が仕事になってきますので、個人名で論文を出したり、本を出版したとしても批判されません。それどころか、会社の名前をあげてくれたということで評価が上がるかもしれません。

また、こういう部署の場合には大学教員と関わることが必然的ですから、それだけ大学とコネができやすいですし、学界の最新トレンドなどにも詳しくなります。

こうなってくると、「〇〇先生と話を合わせるためにも博士号の取得が必要不可欠です」などと上司に願い出ても、「しかたがないなぁ……なるべく平日の夜か土日に大学院に通ってくれよ」とか言いながら、大学院に通う許可を得ることもできると思います。

個として活動しやすいキャリアは自分でつくる！

「我が社にはそういうアカデミックな部署はない……」と嘆く人もいるかもしれません。たしかに、みんながみんな、そんな恵まれた職場にいるのではないでしょう。

それでは、思い切って発想を転換して自分でキャリアをつくってみてはどうでしょうか？　私自身の経験というよりも、中央官庁のキャリア官僚の中には、「自分で自分のキャリアをつくっていく」というたくましい人が何人もいました。

いくつかノウハウを示そうと思います。

①自分で自分の人事を提案する。

これまでのような受け身の人事では会社に引っかき回されるだけです。個人としてどうやったら大学と関われるかを考えながら、自らの人事を上司に提案するのです。

アカデミックな部署はないと言っても、経営戦略を考える部署、人事労務管理を専門に考える人事課など、頭脳を駆使する部署はたくさんあるはずです。こういう部署は営業などに比べると、アカデミックな自己啓発などに、はるかに寛容なはずです。

② 目立っても許されるようなポジションに出世する。

そんな積極的な提案をやるのはちょっと……というのであれば、目立っても許されるようなポジションに出世するのを目指すのはどうでしょうか？

係長のときに目立てば上司に怒られますが、課長なら少しはマシではないでしょうか？　また、管理職に近づくほど、責任は重くなりますが、それだけ仕事に裁量がききやすくなります。裁量労働に近い働き方が許されれば、勉強時間もひねり出せます。

③ 大学、研究機関、役所、NPOなど外部と絡む仕事をつくり出す。

早い出世を目指すという大胆な作戦に出なくても、ふだんの仕事で仕掛けをつくるのはいくらでも可能です。先に、大学や研究機関と絡む部署への人事異動を模索すると書きましたが、もし、今の会社にそうした部署がなければ、自分でつくり出せばいいのです。

継続的な部署でなくてもかまいません。一回限りのイベントやプロジェクトなどは、その典型と言えるでしょう。

産官学連携して社会問題を解決する、それを通じて世の中を盛り上げ、ひいてはビジネスにつなげていくという仕事を手がける人はたくさんいます。広告代理店などには特に多いと思います。

世間は官僚と言えば杓子定規という印象を持っていると思いますが、官僚の中には産官学連携でプロジェクトを仕掛けるという「巻き込み型の仕事」を得意とする人がいっぱいいました。また、そういう積極的な仕事ぶりを許す組織文化もありました。

こういう仕事をやると、コミュニケーションスキルといった狭い話ではなく、さまざまな人・組織を巻き込んだプロジェクトの動かし方を学ぶことができますので、それだけ得ることができる知識・経験も増えます。しかも、誰もが得られる経験でもないので、その経験を基盤にすれば面白い論文がいくらでも書けると思います。

⑤ プライベートで大学や研究機関と関わる。

それでもやっぱり社内で行動を起こすのは……という人の場合、プライベートで積極的に異業種の人や大学・研究機関と関わる道を探るしかないでしょう。たとえば、早朝や土日などに勉強会を主催して、そこに大学教授を講師として招くのです。

　個人差はあると思いますが、大学教員というのは基本的に話すことが好きな人が多い（特に文系の場合）ので、講師に招かれて嫌な顔をする人は少ないと思います。もちろん、相応の謝金を支払うなりの対応は求められますが、タレント教授でもない限り、そんなに費用はかからないと思います。

会社に黙っているか、会社を説得するかは「上司の性格」で判断する

　人事や仕事の正攻法はどうも……という人の場合、身近な上司を説得することがいちばんです。

　資格でも大学院でも個人としての活動は隠しておきたい。そんな思いを持つ人は多いと思います。私自身もそうでした。これまで働きながら転職・留学・社会人大学院への入

学・大学教員への転身を果たしてきましたが、身近な上司にどうやって隠し通すかばかりを考えてきました。ただ、露骨な転職活動以外のことであれば、どこかでタイミングをみて直属の上司には話したほうがベターな場合もあります。

ただし、この場合、その上司の性格などを十分見極める必要があります。

たとえば、私の場合ですと、市役所から国家公務員I種試験を受けて旧労働省に転職するとき、職場にはとにかく嘘を突き通しました。それは上司を含めて職場が非常に保守的だと判断したからです。

今でもよく覚えているのですが、ダラダラと残業しては「残業は市役所の伝統だ」とか唸っている人がいて、正直、呆れかえっていたからです。そんな職場で「転職しようと思っているんですが……」などと告白しようものなら、どんな手段で勉強を邪魔されるかわかったもんじゃない！　そう思って、転職の意図がある素振りはまったく見せませんでした。

そうかと思えば、理解のある上司もいます。

たとえば、旧労働省にいたころですが、「残業は時間の無駄だよ。留学したいのであれば早く帰って勉強したほうがいいよ」とアドバイスしてくれる合理的な上司もたくさんいました。こういう人の前なら、自分が考えている自己啓発などは話したほうがプラスです。

では、上司に何をどう話せばいいのか？

自分がいかに勉強好きか、仕事と関連した勉強に力を入れているかなどを正面から話すべきですが、相手が少し保守的だと思えば、最終的には会社にプラスになることを粘り強く話すのが王道でしょう。

たとえば、あなたが客員教授になったとしましょう。客員教授を兼ねることのできるビジネスマンをかかえることは会社にとって大きなプラスです。合理的には誰でもわかっていると思いますが、なかなか感情面ではウンと言いにくい。それを懐柔しながらわからせるのが腕の見せどころです。

「優れた人材とは何か」についてはさまざまな定義があるでしょうが、知的な人材、クリエイティブな社員をどれだけかかえているかは、組織の強さを示す格好の材料になります。

実際、ここ最近ではマッキンゼーやリクルートという会社が、個性的で質の高い人材を生み出していることで注目されています。

これからの日本はグローバル競争に巻き込まれるなかで、優秀な人材とは何か、優秀な人材をかかえることのメリットがどれだけ大きいかを痛感する時代に入ります。そのため、今お話ししてきたような正攻法の上司説得法は意外に効果的だと、私は思っています。

会社選びは、給料や安定よりも、二足のわらじに対する寛容度

組織人と個人という二足のわらじを履きやすいかどうか……という視点から会社を眺めると、いろいろなことが見えてきませんか?

学生時代には給料や会社の安定度や将来性ばかりに注目しがちですが、組織人と個人の二つのキャリアを選択できるという観点から会社を見ると、そういうことに寛容な会社か厳しい会社か、さまざまなキャリアを積ませることのできるキャパのある会社かどうかと

いうことが見えてきます。

そのため、組織人と個人の二足のわらじを履くのが難しいと思える会社に在籍している場合には、大学教員に転じる前に思い切って辞めて、次の会社に移ってしまうということもできます。

これは大学教員に転じることを考えると回り道のようにも見えますが、新しい経験を積めるという点ではマイナスばかりではありません。大学教員に転職した場合には、どれだけ積みたくてもビジネスの実践経験を積みようがないからです。その意味では非常に貴重な機会です。

今やあるのかどうかは知りませんが、かつては海外の大学院に留学中、籍だけ置かせてくれる企業があったと記憶しています。ＭＢＡはとりたいけれど、いったん会社を辞めるといくらＭＢＡホルダーでも、日本では再就職できるかわからない……そんな悩みを救うような制度でした。そこまでではなくとも自己啓発に寛容な会社はまだまだあるはずです。なぜなら、優れた人材は会社にとってプラスだからです。

そういう観点から考えると、手前味噌で恐縮ですが、さまざまな種類の仕事を経験できること、若くして地方自治体の幹部など管理職を経験できること、大学や研究機関への出向機会が豊富にあること、海外留学機会をもらえることなどから考えて、キャリア官僚は依然として文系最高の職業であると思います。

ここまで説明してきてなんですが、ビジネスマンとして給料をもらいながら個人として目立つのは、わがままな選択であることを忘れてはいけません。

ビジネスマンは組織人として縛りを受けます。それだけ仕事も面白くないと思いますが、身分の保障があります。その一方で、個人として生きる人は自由かもしれませんが、自己責任を負わされます。

個として目立つビジネスマンは、両方の良いとこ取りをしているわがままさを自覚すべきでしょう。

そういう自覚があれば、両方良いとこどりを、ある程度は許してもらえる会社の貴重さを噛みしめることができると思います。

チームの仕事の成果は独り占めしないなどのルール設定を

さて、話を戻します。何も手を打たないで、組織人として働きながら個人として目立っていると、社内から疎まれます。たとえば、新書を出版した場合を考えてみましょう。売れなければ何も言われませんが、売れたりすると嫉妬されます。

私の思い込みかもしれませんが、ビジネスマンなどの実務家でありながら、何かの関係でマスコミから大注目されるようになったような人は、少し時間が経つと閑職っぽいポジションに異動していたりします。日本の組織では、騒がせ方に関係なく、世間にさざ波をたてる人を嫌う傾向があるようです。

このさざ波を少しでも和らげる方法をいくつか示したいと思います。

①個人として論文や書籍を発表する場合、会社や仲間といっしょにやった仕事の成果はテー

マにしない。

プロジェクトチームで集めたデータを元にして本など書くと、何を言われるかわかりません。身勝手な人間というレッテルを貼られて無視されるだけではすみません。もしかしたら、守秘義務違反に問われる可能性さえあるかもしれません。

② 会社で得た経験などではなく、客観的データなどで裏付けながら書く。

こうすることで誰も「会社を利用して……」と思わなくなります。そういう観点から言うと、統計を駆使した論文や書籍はお勧めです。

③ 論文や書籍の執筆はなるべく土日を利用する。

もちろん、これは建前でもいいのです。周りにアピールすることが重要です。アピールしておかないと、少し早く帰宅しただけでも残業をサボって執筆していると思われますし、体調を崩しても、自宅で個人的なことのために無理をして業務遂行のための健康管理を怠っているからだと思われます。

④ 残業時や土日を含めて職場では執筆しない。

個人用のPCを持ち歩いていたりすると、ついつい余った時間を利用して自己啓発したくなるものですが、グッと我慢すべきです。意外とこういう行動を見ている人がいたりします。たった一回のミスでも命取りになります。

⑤ 論文や書籍あるいは講演での謝礼は辞退する。

書籍の印税や論文などの原稿料、講演料など、お金が発生する場合、数十万円にでもならない限り、これはきっぱりと辞退することです。少なくともお金のためにやっているわけではないということがわかると、職場の反応は相当違います。

⑥ 論文や書籍は、ペンネームではなく、本名で行う。

間違ってもペンネームなんかで書籍を発表しないことです。匿名なんかで公表すると後ろめたさばかりがついて回ります。論文や書籍を公表するのであれば本名で堂々とやるべきです。

個として目立つ組織人は、「組織内に絶対に敵をつくってはいけない」という鉄則

ここまで挙げたのは、いわば正攻法です。こういう正攻法ばかりのノウハウでは現実的ではありません。もう少しネチッこいノウハウも示してみたいと思います。

まず、組織内に敵をつくらないことです。

少しでも変わったことをする人間は嫌われます。有名になったりするともっと嫌われます。そのため、**とにかく職場ではニコニコえびす顔で振る舞いましょう。**

最も重要なことは、**自己啓発や大学院などで得た知識をひけらかさない**ことです。

得意げにしゃべったり、説教口調で話すだけで嫌われます。

その一方で、大学院で研鑽を積んでいるにもかかわらず、**どこか庶民的に振る舞う**と、

「あの人は腰が低い」と褒められます。

この当たり前の人間感情を、なぜか不思議と、自己啓発マニアやインテリ、ポジティブシンキング人間は理解していません。

ちなみに、ビジネスマンとして働きながら大学教員に転職できるくらいの「二足屋」になると、社内だけではすまず、**社外の人間から恨まれたり、嫌われたりする可能性がある**ことも覚悟しておいたほうがいいでしょう。

「あいつは生意気だ」「あいつの言っていることは業界では誰でも知っていることじゃないか」「業界のことをわざわざマスコミで言いやがって」などなど、著名になればなるほど悪口を言われている可能性が高まります。

このような組織外の敵の存在を考えても、**社内では徹底的に低姿勢で宥和路線を貫く**べきです。組織外に敵がいるにもかかわらず、組織内でも敵をつくるというのは最悪の行為です。

自分の名前が知られるにつれて徐々に態度が大きくなってくる人がいます。どこかで勘違いしているわけですが、こういう人は組織内外に敵をつくることになってしまい、結果的に大損します。どれだけ腹立たしい思いをしても二正面作戦はいけません。

敵をつくらないことを徹底したいのであれば、低姿勢や宥和路線に加えて、身近なところに理解者や仲間をつくるための投資を惜しんではいけません。

具体的に言いますと、**まける餌はまいておく**ことです。

たとえば、大学で講演して謝礼金をもらったら、そのお金で積極的に飲み会を開催するのです。もちろん、あなたのおごりです。お金は有効に使いましょう。

会社の経験などがあったからこそ書けた論文・書籍であり、うまく話せた講演だと思えば、会社に還元しても腹が立たないでしょう。こういう投資は有効です。

おごる相手にも細心の注意を払いたいのであれば、声の大きい人を対象にするといいでしょう。人の悪口がとにかく好きな人です。こういう人は自分が厚遇されると、途端に態度を変えますので、餌をまくに値する投資対象です。

個人の見解を公表するときには細心の注意を払う

最後に少しリアルな注意事項をお話ししたいと思います。

書籍や論文などの個人実績を出す際には細心の注意を払っておきたいことについてです。

①　政治的に論争になるような分野での論文や書籍は発表しない。
政治的に論争になるような分野での論文や書籍は発表しないのが賢明です。左右どちらかのポジションをとることで、あなたの論文や書籍が利用される可能性さえあるからです。

②　内部告発的なことは書かない。
内部告発はいけません。会社を辞めるという覚悟もないのに、会社の恥部を文章にするような行為は最悪です。社内の誰かの目にとまったら、徹底的に問いつめられます。それ

どころか、あなたが「辞めたい」というまでいじめられるかもしれません。

③ 極端な主義主張をしない。

極端な主義主張も何かと難癖をつけられる可能性があります。これは目立ちます。注目されるメリットがある一方で、目立つ発言は敵をつくり、恨みを買います。

もし周囲が驚く過激な主張をしたいのであれば、十分すぎるほどの根拠をつけることでしょう。昨今、日本社会もかつてに比べると合理的になっていますので、根拠のある話には耳を傾けてくれると思います。

ちなみに、市民ランナーや市民格闘家などとして超有名になれば、職場の態度は激変すると申し上げましたが、論文や書籍にこれを当てはめると、何らかの賞をとるというのが近道になります。少々過激な主張でも賞をとってしまうとチャラです。

本の売上げは落ちています。ましてや一般の人は論文など読みたいとも思いません。こんな状況ですから出版界にしても学界にしても、なんとか世論を盛り上げたいと思っています。そのため、盛り上げる手段の一つとしてさまざまな賞をつくっています。

芥川賞や直木賞は言うまでもなく、最近では書店員が選ぶ「本屋大賞」が話題になっています。この賞を受賞するとものすごく売れるそうです。いろいろな賞を探して応募してみるのもよいでしょう。

④　書籍や論文には、エクスキューズを必ず入れる。

論文や書籍を出版した場合には、「これは組織の見解とは一切関係ない」「土日など休日に書いたものである」「会社独自の資料や個人情報の類を一切使用していない」などのエクスキューズをきちんとしておくことです。これらの一文は公になりますから、難癖をつけられたときの守護神になってくれます。

⑤　印税や講演料が発生したら確定申告が必要。

最後はお金の話です。新書やハードカバーを出版して印税が発生した場合、くれぐれもうまく処理してください。印税が発生すると税金が発生します。間違っても申告漏れがあるような無様なことは避けなければいけません。

⑥ 共著や部署で書く。

個人で書くのがどうしても怖い、気になるということであれば、共著という手段もあります。誰か同僚や友人を誘って書くのです。場合によっては上司がいいかもしれません。ものすごく保守的な上司であれば嫌な顔をするかもしれませんが、少し茶目っ気のある上司なら乗ってくると思います。

また、キャリアに敏感な上司であればしめたものです。「課長、論文を掲載したら我々のキャリアが大きく広がりますよ……」とか説明すると、話に乗ってくる可能性大です。

共著の利点は、さまざまなチャンスを得る可能性が広がることです。

たとえば、書籍の場合、最も苦労するのは出版してくれる出版社を探すことです。出版社は参入障壁が異様に高い。そのため、コネがなければ話になりません。そんなとき、「僕の学生時代の友人が編集部長でね……」といった上司を巻き込めばラッキーなことこの上ありません。万が一、そんなラッキーに恵まれたなら、「原稿はすべて僕が書きます。

部長は出版社だけ紹介してもらえれば十分です」とか言いながら、さっさと仕事を進めていくのです。

共著でも不安だという場合、思い切って部署全体で本を書くというプロジェクトはどうでしょうか？

私自身、新潟県庁の課長をしていたとき、部署全体で本を書くというプロジェクトを進めたことがあります。最初はみんな少し不安な顔をしていました。公務員は基本的に黒子として働きます。それに加えて、個人として目立つことを嫌う人が多数です。

そのため、この雰囲気を少しでも変えようと、「個人の名前も出て、実績が残るよ」という前向きな話と、「知事にまえがきを書いてもらうから」という安心させるような話をしました。知事が絡んでいるのであれば、その本を書いたことで処分されたり、問題視されるような可能性はなくなります。そんなこともあって、若手の職員などは張り切って原稿を書いてくれました。

年配の職員の中には「邪魔ください」「自分の名前で書かなくても」といった不平不満を

持つ人がたくさんいましたが、こういう人も最終的には納得してくました。納得するどころか、張り切って書く人もいました。

公務員の多くは目立つことを嫌います。集団労働を選んでいる人は心のどこかで目立つことを嫌う傾向がありますが、公務員はその典型です。

世間では偉そうな態度という悪口もありますが、私が中央官庁で見た東大卒の官僚はものすごく賢いにもかかわらず、恐ろしく謙虚でした。性格が良いということもあるのでしょうが、基本的に目立つことが嫌なのです（もちろん、受験秀才というインナーサークルでの評価はものすごく気になるようですが）。

しかし、こういう公務員も心のどこかで「個人としての実績」を残したいという願望があるようで、自分の名前が印刷された本をうれしそうに眺めている人もいました。

さいごに

大学教授への転身は最も品のあるサバイバル術

人生は一度限りです。寿命が延びたといってもやっぱり短い。そんな短い人生なら、できるだけ多くの経験をしてみたいと思いませんか？

私はできるなら、政官財学情の五つを経験してみたいと思っています。

政は政治、官は官僚、財はビジネス、学は大学など研究の世界、情はマスコミの世界です。この五つの世界を経験できれば、さまざまな角度から人生を眺めることができます。

まだ政治とビジネスは経験していませんので、残りの人生のどこかでチャレンジしようと思います。そして人生の終盤になったら、そんな経験をもとにして、珠玉のエッセイでも書いてみたい。できれば、それが百年後にも残っているような……。そんな希望を持っています。

ビジネスなどの実務の世界から学者に転じることは、人生の幅をものすごく広げてくれると思います。ビジネスの現場は充実しているかもしれませんが、学者という職業にしか味わえないものもあります。

たとえば、それは優雅な時間です。誰からも管理されませんので、基本的に自分のペースで時間配分できます。また、どれだけ忙しい学者でもビジネスマンほど仕事に追われてはいないと思います。もし追われている学者がいるとしたら、良い仕事はできていないと思います。怒られるかもしれませんが、じっくりと考える時間がないと、なかなか良いものはできません。

売れっ子学者やノーベル賞級の学者で「今は忙しい」という人も、かつてはじっくりと考えることのできる長い時間があったはずです。その長い時間を存分に利用して自分の下地をつくっていったのだと思います。

これからますます世の中は混沌とするかもしれません。でも、それは見方を変えれば、やる気のある人にはチャンスが広がるということでもあります。積極的にチャレンジしてみてください。

忙しすぎたビジネスマンにたっぷりの時間が与えられることで、意外な化学反応が起きることも十分あり得ると思います。


本書がどこまで役立つノウハウを示すことができたのかわかりません。正直、安直すぎるノウハウを示すことには抵抗もありましたし、ノウハウは自分の体験の中で学びとっていくものであり、他人のノウハウを改良していくものだという思いもあります。

私の経験が少しでも役立てば幸いです。

なお、本書の作成にあたっては、前回の『悪徳官僚に学ぶ戦略的ゴマすり力』と同様、干場社長にたいへんお世話になりました。本当にありがとうございました。

中野雅至

二〇一三年夏の終わりに

主要参考文献

櫻田大造『大学教員　採用・人事のカラクリ』(中公新書ラクレ)
松野弘『大学教授の資格』(NTT出版)
中野雅至『一勝百敗！　あるキャリア官僚の転職記』(光文社新書)
(大学教授にどうすればなれるかについては、パイオニア的存在とも言うべき鷲田小彌太先生の『新　大学教授になる方法』(ダイヤモンド社)以外にも、さまざまなものが出ています)

ディスカヴァー携書 108

ビジネスマンが大学教授、客員教授になる方法

発行日　2013年9月10日　第1刷

Author　中野雅至

Illustrator　二ノ宮匡（TYPEFACE）: 本文図版
Book Designer　石間　淳（カバー・本文フォーマット）
小口翔平（オビ）
Publication　株式会社ディスカヴァー・トゥエンティワン
〒102-0093　東京都千代田区平河町 2-16-1 平河町森タワー 11F
TEL　03-3237-8321（代表）
FAX　03-3237-8323
http://www.d21.co.jp

Publisher　千場弓子
Editor　千場弓子＋本田千春
Marketing Group
Staff　小田孝文　中澤泰宏　片平美恵子　井筒浩　千葉潤子　飯田智樹
佐藤昌幸　谷口奈緒美　山中麻吏　西川なつか　古矢薫　伊藤利文
米山健一　原大士　郭迪　蛯原昇　中山大祐　林拓馬　野村知哉
安永智洋　鍋田匠伴　榊原僚　佐竹祐哉　塔下太朗　廣内悠理　松石悠
Assistant Staff　俵敬子　町田加奈子　丸山香織　小林里美　井澤徳子　橋詰悠子
藤井多穂子　藤井かおり　福岡理恵　葛目美枝子　田口麻弓
小泉和日　皆川愛
Operation Group
Staff　吉澤道子　松尾幸政　福永友紀
Assistant Staff　竹内恵子　古後利佳　熊谷芳美　清水有基栄　小松里絵　川井栄子
伊藤由美　石渡素子　北條文葉

Productive Group
Staff　藤田浩芳　千葉正幸　原典宏　林秀樹　石塚理恵子　三谷祐一
石橋和佳　大山聡子　大竹朝子　徳瑠里香　堀部直人　井上慎平
田中亜紀　堂山優子　山﨑あゆみ　伍佳妮
リーナ・バールカート

Digital Communication Group
Staff　小関勝則　中村郁子　松原史与志

Proofreader　入江恭子
DTP　アーティザンカンパニー
Printing　凸版印刷株式会社

ISBN978-4-7993-1370-1

携書ロゴ：長坂勇司
携書フォーマット：石間　淳